Times Tables

100 Timed Maths Tests, KS2

(AGES 7 - 11)

YAFFLE MATHS

Table of Contents

Name: ______________________ Score: / 60 Time: ______

Page 1 - Multiply 0's and 1's

1.	**0 x 1 =**	2.	**3 x 1 =**	3.	**2 x 1 =**
4.	**1 x 7 =**	5.	**8 x 0 =**	6.	**10 x 1 =**
7.	**1 x 6 =**	8.	**4 x 1 =**	9.	**1 x 4 =**
10.	**9 x 1 =**	11.	**2 x 0 =**	12.	**9 x 0 =**
13.	**0 x 5 =**	14.	**1 x 5 =**	15.	**5 x 1 =**
16.	**6 x 1 =**	17.	**3 x 1 =**	18.	**1 x 7 =**
19.	**10 x 1 =**	20.	**1 x 10 =**	21.	**4 x 0 =**
22.	**6 x 0 =**	23.	**8 x 1 =**	24.	**7 x 1 =**
25.	**9 x 0 =**	26.	**2 x 1 =**	27.	**0 x 2 =**
28.	**1 x 0 =**	29.	**3 x 1 =**	30.	**1 x 8 =**
31.	**9 x 1 =**	32.	**6 x 1 =**	33.	**0 x 4 =**
34.	**0 x 8 =**	35.	**6 x 0 =**	36.	**5 x 1 =**
37.	**1 x 10 =**	38.	**0 x 1 =**	39.	**0 x 10 =**
40.	**9 x 0 =**	41.	**1 x 3 =**	42.	**1 x 2 =**
43.	**8 x 1 =**	44.	**8 x 0 =**	45.	**7 x 1 =**
46.	**4 x 0 =**	47.	**0 x 4 =**	48.	**6 x 1 =**
49.	**10 x 0 =**	50.	**3 x 1 =**	51.	**0 x 1 =**
52.	**9 x 1 =**	53.	**5 x 0 =**	54.	**8 x 1 =**
55.	**1 x 6 =**	56.	**0 x 10 =**	57.	**9 x 0 =**
58.	**3 x 0 =**	59.	**4 x 0 =**	60.	**7 x 1 =**

Name: ____________________ Score: / 60 Time: ______

Page 2 - Multiply 0's and 1's

1. 3 x 0 =	2. 5 x 1 =	3. 10 x 1 =
4. 7 x 0 =	5. 0 x 6 =	6. 6 x 1 =
7. 1 x 8 =	8. 2 x 1 =	9. 0 x 2 =
10. 8 x 0 =	11. 0 x 9 =	12. 1 x 4 =
13. 6 x 0 =	14. 4 x 1 =	15. 3 x 1 =
16. 1 x 5 =	17. 0 x 1 =	18. 10 x 0 =
19. 9 x 1 =	20. 10 x 1 =	21. 1 x 6 =
22. 4 x 1 =	23. 0 x 10 =	24. 5 x 0 =
25. 8 x 1 =	26. 4 x 1 =	27. 9 x 1 =
28. 1 x 1 =	29. 1 x 3 =	30. 7 x 0 =
31. 6 x 1 =	32. 0 x 4 =	33. 2 x 1 =
34. 1 x 10 =	35. 5 x 1 =	36. 1 x 0 =
37. 7 x 1 =	38. 1 x 9 =	39. 1 x 8 =
40. 8 x 1 =	41. 10 x 0 =	42. 0 x 9 =
43. 1 x 6 =	44. 1 x 3 =	45. 0 x 4 =
46. 4 x 0 =	47. 5 x 1 =	48. 1 x 7 =
49. 2 x 0 =	50. 6 x 1 =	51. 0 x 2 =
52. 1 x 5 =	53. 8 x 0 =	54. 9 x 1 =
55. 3 x 1 =	56. 1 x 7 =	57. 0 x 5 =
58. 4 x 1 =	59. 1 x 10 =	60. 0 x 6 =

Name: ______________________ Score: / 60 Time: ______

Page 3 - Multiply 2's

1.	2 x 2 =	2.	2 x 0 =	3.	2 x 10 =
4.	1 x 2 =	5.	8 x 2 =	6.	9 x 2 =
7.	3 x 2 =	8.	7 x 2 =	9.	5 x 2 =
10.	4 x 2 =	11.	6 x 2 =	12.	3 x 2 =
13.	10 x 2 =	14.	5 x 2 =	15.	2 x 3 =
16.	2 x 8 =	17.	2 x 10 =	18.	6 x 2 =
19.	7 x 2 =	20.	2 x 3 =	21.	2 x 6 =
22.	8 x 2 =	23.	4 x 2 =	24.	7 x 2 =
25.	3 x 2 =	26.	6 x 2 =	27.	9 x 2 =
28.	6 x 2 =	29.	8 x 2 =	30.	2 x 10 =
31.	1 x 2 =	32.	2 x 2 =	33.	7 x 2 =
34.	9 x 2 =	35.	5 x 2 =	36.	2 x 8 =
37.	2 x 9 =	38.	4 x 2 =	39.	10 x 2 =
40.	2 x 10 =	41.	9 x 2 =	42.	3 x 2 =
43.	5 x 2 =	44.	2 x 9 =	45.	4 x 2 =
46.	2 x 7 =	47.	3 x 2 =	48.	2 x 7 =
49.	2 x 2 =	50.	1 x 2 =	51.	8 x 2 =
52.	2 x 4 =	53.	2 x 7 =	54.	0 x 2 =
55.	9 x 2 =	56.	8 x 2 =	57.	6 x 2 =
58.	2 x 2 =	59.	10 x 2 =	60.	2 x 9 =

Name: ______________________ Score: / 60 Time: ______

Page 4 - Multiply 2's

1.	2 x 3 =	2.	6 x 2 =	3.	2 x 0 =
4.	2 x 8 =	5.	3 x 2 =	6.	7 x 2 =
7.	10 x 2 =	8.	2 x 4 =	9.	2 x 6 =
10.	2 x 9 =	11.	9 x 2 =	12.	8 x 2 =
13.	1 x 2 =	14.	2 x 5 =	15.	2 x 3 =
16.	1 x 2 =	17.	2 x 6 =	18.	9 x 2 =
19.	8 x 2 =	20.	2 x 2 =	21.	5 x 2 =
22.	2 x 9 =	23.	3 x 2 =	24.	7 x 2 =
25.	2 x 3 =	26.	2 x 0 =	27.	2 x 10 =
28.	2 x 8 =	29.	4 x 2 =	30.	2 x 0 =
31.	1 x 2 =	32.	6 x 2 =	33.	2 x 7 =
34.	2 x 4 =	35.	5 x 2 =	36.	6 x 2 =
37.	2 x 10 =	38.	2 x 2 =	39.	2 x 3 =
40.	2 x 8 =	41.	2 x 9 =	42.	2 x 1 =
43.	7 x 2 =	44.	3 x 2 =	45.	8 x 2 =
46.	6 x 2 =	47.	2 x 0 =	48.	2 x 6 =
49.	1 x 2 =	50.	9 x 2 =	51.	2 x 3 =
52.	2 x 2 =	53.	4 x 2 =	54.	10 x 2 =
55.	2 x 9 =	56.	2 x 1 =	57.	2 x 5 =
58.	0 x 2 =	59.	9 x 2 =	60.	1 x 2 =

Name: ______________________ Score: / 60 Time: ________

Page 5 - Multiply 2's

1. **2 x 5 =**	2. **9 x 2 =**	3. **8 x 2 =**
4. **2 x 2 =**	5. **2 x 7 =**	6. **2 x 1 =**
7. **3 x 2 =**	8. **4 x 2 =**	9. **2 x 3 =**
10. **10 x 2 =**	11. **2 x 6 =**	12. **0 x 2 =**
13. **7 x 2 =**	14. **2 x 1 =**	15. **2 x 4 =**
16. **8 x 2 =**	17. **2 x 9 =**	18. **2 x 3 =**
19. **2 x 6 =**	20. **2 x 5 =**	21. **3 x 2 =**
22. **2 x 7 =**	23. **8 x 2 =**	24. **1 x 2 =**
25. **3 x 2 =**	26. **4 x 2 =**	27. **10 x 2 =**
28. **2 x 2 =**	29. **9 x 2 =**	30. **2 x 7 =**
31. **2 x 6 =**	32. **0 x 2 =**	33. **2 x 0 =**
34. **3 x 2 =**	35. **7 x 2 =**	36. **2 x 2 =**
37. **5 x 2 =**	38. **6 x 2 =**	39. **2 x 10 =**
40. **2 x 9 =**	41. **1 x 2 =**	42. **8 x 2 =**
43. **3 x 2 =**	44. **4 x 2 =**	45. **2 x 2 =**
46. **2 x 6 =**	47. **2 x 3 =**	48. **6 x 2 =**
49. **2 x 0 =**	50. **2 x 7 =**	51. **2 x 10 =**
52. **9 x 2 =**	53. **8 x 2 =**	54. **2 x 8 =**
55. **5 x 2 =**	56. **2 x 6 =**	57. **2 x 1 =**
58. **10 x 2 =**	59. **2 x 4 =**	60. **2 x 5 =**

Name: ____________________ Score: / 60 Time: ________

Page 6 - Multiply 2's

1. 2 x 7 =	2. 2 x 8 =	3. 2 x 5 =
4. 10 x 2 =	5. 9 x 2 =	6. 2 x 3 =
7. 8 x 2 =	8. 4 x 2 =	9. 1 x 2 =
10. 2 x 2 =	11. 5 x 2 =	12. 7 x 2 =
13. 3 x 2 =	14. 6 x 2 =	15. 9 x 2 =
16. 2 x 5 =	17. 10 x 2 =	18. 2 x 2 =
19. 2 x 8 =	20. 2 x 7 =	21. 2 x 4 =
22. 1 x 2 =	23. 2 x 9 =	24. 10 x 2 =
25. 2 x 1 =	26. 5 x 2 =	27. 1 x 2 =
28. 2 x 3 =	29. 2 x 4 =	30. 2 x 10 =
31. 2 x 1 =	32. 10 x 2 =	33. 8 x 2 =
34. 7 x 2 =	35. 2 x 2 =	36. 3 x 2 =
37. 0 x 2 =	38. 9 x 2 =	39. 4 x 2 =
40. 2 x 10 =	41. 2 x 6 =	42. 2 x 5 =
43. 2 x 2 =	44. 2 x 9 =	45. 2 x 8 =
46. 8 x 2 =	47. 5 x 2 =	48. 0 x 2 =
49. 10 x 2 =	50. 7 x 2 =	51. 3 x 2 =
52. 2 x 6 =	53. 2 x 5 =	54. 4 x 2 =
55. 2 x 2 =	56. 2 x 9 =	57. 2 x 1 =
58. 1 x 2 =	59. 2 x 6 =	60. 3 x 2 =

Name: ____________________ Score: / 60 Time: ______

Page 7 - Multiply 2's

1. 2 x 3 =	2. 2 x 5 =	3. 6 x 2 =
4. 8 x 2 =	5. 4 x 2 =	6. 2 x 10 =
7. 2 x 9 =	8. 2 x 0 =	9. 1 x 2 =
10. 3 x 2 =	11. 2 x 8 =	12. 6 x 2 =
13. 1 x 2 =	14. 2 x 7 =	15. 2 x 4 =
16. 2 x 6 =	17. 5 x 2 =	18. 9 x 2 =
19. 2 x 4 =	20. 0 x 2 =	21. 10 x 2 =
22. 2 x 2 =	23. 6 x 2 =	24. 8 x 2 =
25. 2 x 9 =	26. 2 x 5 =	27. 1 x 2 =
28. 7 x 2 =	29. 10 x 2 =	30. 2 x 0 =
31. 6 x 2 =	32. 4 x 2 =	33. 2 x 3 =
34. 2 x 0 =	35. 2 x 7 =	36. 8 x 2 =
37. 1 x 2 =	38. 9 x 2 =	39. 2 x 6 =
40. 2 x 3 =	41. 2 x 8 =	42. 3 x 2 =
43. 6 x 2 =	44. 2 x 10 =	45. 2 x 5 =
46. 2 x 4 =	47. 0 x 2 =	48. 2 x 2 =
49. 7 x 2 =	50. 2 x 9 =	51. 0 x 2 =
52. 5 x 2 =	53. 6 x 2 =	54. 2 x 7 =
55. 2 x 1 =	56. 3 x 2 =	57. 2 x 6 =
58. 2 x 2 =	59. 10 x 2 =	60. 4 x 2 =

Name: ____________________ Score: / 60 Time: ______

Page 8 - Multiply 2's

1.	8 x 2 =	2.	3 x 2 =	3.	2 x 2 =
4.	2 x 4 =	5.	2 x 5 =	6.	4 x 2 =
7.	6 x 2 =	8.	10 x 2 =	9.	9 x 2 =
10.	2 x 4 =	11.	5 x 2 =	12.	2 x 6 =
13.	7 x 2 =	14.	10 x 2 =	15.	2 x 8 =
16.	2 x 3 =	17.	3 x 2 =	18.	4 x 2 =
19.	2 x 8 =	20.	2 x 6 =	21.	2 x 7 =
22.	2 x 0 =	23.	2 x 2 =	24.	0 x 2 =
25.	2 x 5 =	26.	8 x 2 =	27.	2 x 3 =
28.	2 x 10 =	29.	1 x 2 =	30.	2 x 5 =
31.	9 x 2 =	32.	3 x 2 =	33.	2 x 4 =
34.	5 x 2 =	35.	7 x 2 =	36.	10 x 2 =
37.	2 x 7 =	38.	2 x 1 =	39.	6 x 2 =
40.	2 x 2 =	41.	3 x 2 =	42.	2 x 9 =
43.	2 x 5 =	44.	2 x 4 =	45.	2 x 6 =
46.	8 x 2 =	47.	2 x 10 =	48.	2 x 3 =
49.	9 x 2 =	50.	7 x 2 =	51.	2 x 2 =
52.	1 x 2 =	53.	10 x 2 =	54.	5 x 2 =
55.	2 x 10 =	56.	4 x 2 =	57.	2 x 8 =
58.	2 x 9 =	59.	2 x 2 =	60.	6 x 2 =

Name: ______________________ Score: / 60 Time: ______

Page 9 - Multiply 2's

1. 2 x 9 =	2. 2 x 3 =	3. 10 x 2 =
4. 4 x 2 =	5. 0 x 2 =	6. 5 x 2 =
7. 2 x 6 =	8. 2 x 2 =	9. 7 x 2 =
10. 2 x 1 =	11. 2 x 10 =	12. 8 x 2 =
13. 2 x 5 =	14. 9 x 2 =	15. 2 x 4 =
16. 2 x 7 =	17. 5 x 2 =	18. 10 x 2 =
19. 3 x 2 =	20. 6 x 2 =	21. 2 x 2 =
22. 10 x 2 =	23. 2 x 8 =	24. 2 x 1 =
25. 8 x 2 =	26. 4 x 2 =	27. 2 x 3 =
28. 2 x 10 =	29. 2 x 9 =	30. 7 x 2 =
31. 2 x 5 =	32. 2 x 6 =	33. 2 x 2 =
34. 2 x 7 =	35. 2 x 4 =	36. 9 x 2 =
37. 2 x 10 =	38. 2 x 8 =	39. 2 x 3 =
40. 1 x 2 =	41. 2 x 5 =	42. 6 x 2 =
43. 3 x 2 =	44. 2 x 7 =	45. 9 x 2 =
46. 5 x 2 =	47. 8 x 2 =	48. 2 x 4 =
49. 3 x 2 =	50. 10 x 2 =	51. 5 x 2 =
52. 2 x 2 =	53. 0 x 2 =	54. 7 x 2 =
55. 4 x 2 =	56. 2 x 6 =	57. 2 x 10 =
58. 2 x 7 =	59. 2 x 8 =	60. 2 x 9 =

Name: ______________________ Score: / 60 Time: ______

Page 10 - Multiply 3's

1. 3 x 3 =	2. 3 x 5 =	3. 7 x 3 =
4. 3 x 8 =	5. 2 x 3 =	6. 0 x 3 =
7. 4 x 3 =	8. 3 x 6 =	9. 6 x 3 =
10. 4 x 3 =	11. 10 x 3 =	12. 3 x 3 =
13. 3 x 9 =	14. 3 x 7 =	15. 1 x 3 =
16. 5 x 3 =	17. 3 x 8 =	18. 4 x 3 =
19. 6 x 3 =	20. 3 x 3 =	21. 10 x 3 =
22. 3 x 1 =	23. 3 x 9 =	24. 7 x 3 =
25. 3 x 2 =	26. 3 x 0 =	27. 3 x 5 =
28. 3 x 10 =	29. 2 x 3 =	30. 3 x 9 =
31. 6 x 3 =	32. 9 x 3 =	33. 3 x 6 =
34. 3 x 3 =	35. 8 x 3 =	36. 3 x 10 =
37. 4 x 3 =	38. 3 x 7 =	39. 2 x 3 =
40. 1 x 3 =	41. 3 x 4 =	42. 3 x 5 =
43. 3 x 9 =	44. 3 x 2 =	45. 3 x 0 =
46. 5 x 3 =	47. 6 x 3 =	48. 10 x 3 =
49. 3 x 3 =	50. 1 x 3 =	51. 9 x 3 =
52. 3 x 2 =	53. 8 x 3 =	54. 3 x 4 =
55. 3 x 8 =	56. 7 x 3 =	57. 6 x 3 =
58. 3 x 3 =	59. 10 x 3 =	60. 3 x 5 =

Name: ____________________ Score: / 60 Time: ________

Page 11 - Multiply 3's

1. 3 x 1 =	2. 3 x 3 =	3. 8 x 3 =
4. 5 x 3 =	5. 7 x 3 =	6. 3 x 5 =
7. 3 x 6 =	8. 3 x 8 =	9. 3 x 9 =
10. 2 x 3 =	11. 3 x 1 =	12. 3 x 6 =
13. 10 x 3 =	14. 0 x 3 =	15. 7 x 3 =
16. 3 x 3 =	17. 3 x 8 =	18. 4 x 3 =
19. 6 x 3 =	20. 3 x 2 =	21. 5 x 3 =
22. 3 x 1 =	23. 3 x 3 =	24. 9 x 3 =
25. 4 x 3 =	26. 7 x 3 =	27. 10 x 3 =
28. 1 x 3 =	29. 3 x 8 =	30. 2 x 3 =
31. 5 x 3 =	32. 7 x 3 =	33. 4 x 3 =
34. 10 x 3 =	35. 6 x 3 =	36. 3 x 3 =
37. 3 x 7 =	38. 3 x 10 =	39. 9 x 3 =
40. 5 x 3 =	41. 3 x 4 =	42. 3 x 1 =
43. 8 x 3 =	44. 9 x 3 =	45. 3 x 6 =
46. 3 x 0 =	47. 3 x 7 =	48. 10 x 3 =
49. 3 x 4 =	50. 3 x 2 =	51. 3 x 6 =
52. 3 x 9 =	53. 7 x 3 =	54. 6 x 3 =
55. 3 x 10 =	56. 2 x 3 =	57. 4 x 3 =
58. 1 x 3 =	59. 3 x 6 =	60. 3 x 3 =

Name: ____________________ Score: / 60 Time: ______

Page 12 - Multiply 3's

1. 2 x 3 =	2. 5 x 3 =	3. 3 x 7 =
4. 3 x 10 =	5. 4 x 3 =	6. 10 x 3 =
7. 9 x 3 =	8. 3 x 9 =	9. 3 x 1 =
10. 3 x 0 =	11. 7 x 3 =	12. 3 x 6 =
13. 5 x 3 =	14. 3 x 3 =	15. 10 x 3 =
16. 1 x 3 =	17. 4 x 3 =	18. 3 x 9 =
19. 3 x 6 =	20. 3 x 2 =	21. 8 x 3 =
22. 3 x 10 =	23. 3 x 7 =	24. 3 x 3 =
25. 9 x 3 =	26. 6 x 3 =	27. 3 x 5 =
28. 4 x 3 =	29. 3 x 8 =	30. 10 x 3 =
31. 3 x 10 =	32. 7 x 3 =	33. 3 x 3 =
34. 3 x 6 =	35. 5 x 3 =	36. 3 x 9 =
37. 2 x 3 =	38. 3 x 4 =	39. 3 x 5 =
40. 3 x 7 =	41. 8 x 3 =	42. 3 x 10 =
43. 3 x 6 =	44. 3 x 3 =	45. 0 x 3 =
46. 3 x 5 =	47. 3 x 1 =	48. 6 x 3 =
49. 3 x 6 =	50. 3 x 8 =	51. 3 x 2 =
52. 3 x 4 =	53. 3 x 7 =	54. 5 x 3 =
55. 3 x 3 =	56. 10 x 3 =	57. 1 x 3 =
58. 3 x 5 =	59. 6 x 3 =	60. 3 x 8 =

Name: ____________________ Score: / 60 Time: ________

Page 13 - Multiply 3's

1.	7 x 3 =	2.	3 x 3 =	3.	3 x 5 =
4.	1 x 3 =	5.	4 x 3 =	6.	8 x 3 =
7.	3 x 9 =	8.	5 x 3 =	9.	3 x 4 =
10.	3 x 10 =	11.	3 x 7 =	12.	3 x 1 =
13.	0 x 3 =	14.	9 x 3 =	15.	2 x 3 =
16.	3 x 6 =	17.	3 x 5 =	18.	3 x 8 =
19.	3 x 3 =	20.	3 x 2 =	21.	1 x 3 =
22.	4 x 3 =	23.	8 x 3 =	24.	6 x 3 =
25.	3 x 2 =	26.	5 x 3 =	27.	3 x 6 =
28.	9 x 3 =	29.	3 x 7 =	30.	3 x 0 =
31.	0 x 3 =	32.	3 x 10 =	33.	3 x 9 =
34.	3 x 8 =	35.	3 x 7 =	36.	3 x 2 =
37.	8 x 3 =	38.	3 x 5 =	39.	3 x 6 =
40.	7 x 3 =	41.	4 x 3 =	42.	10 x 3 =
43.	5 x 3 =	44.	2 x 3 =	45.	3 x 7 =
46.	3 x 10 =	47.	3 x 3 =	48.	7 x 3 =
49.	3 x 4 =	50.	6 x 3 =	51.	3 x 8 =
52.	0 x 3 =	53.	9 x 3 =	54.	10 x 3 =
55.	1 x 3 =	56.	3 x 2 =	57.	3 x 7 =
58.	3 x 6 =	59.	3 x 4 =	60.	8 x 3 =

Name: ____________________ Score: / 60 Time: ______

Page 14 - Multiply 3's

1. 3 x 5 =	2. 4 x 3 =	3. 6 x 3 =
4. 2 x 3 =	5. 3 x 3 =	6. 3 x 8 =
7. 1 x 3 =	8. 8 x 3 =	9. 3 x 2 =
10. 3 x 5 =	11. 3 x 2 =	12. 10 x 3 =
13. 3 x 9 =	14. 7 x 3 =	15. 5 x 3 =
16. 3 x 6 =	17. 3 x 10 =	18. 4 x 3 =
19. 6 x 3 =	20. 3 x 3 =	21. 3 x 5 =
22. 3 x 7 =	23. 9 x 3 =	24. 5 x 3 =
25. 3 x 10 =	26. 3 x 4 =	27. 8 x 3 =
28. 4 x 3 =	29. 6 x 3 =	30. 1 x 3 =
31. 8 x 3 =	32. 3 x 1 =	33. 3 x 7 =
34. 3 x 3 =	35. 10 x 3 =	36. 4 x 3 =
37. 3 x 9 =	38. 5 x 3 =	39. 3 x 9 =
40. 2 x 3 =	41. 7 x 3 =	42. 3 x 6 =
43. 4 x 3 =	44. 6 x 3 =	45. 3 x 5 =
46. 0 x 3 =	47. 4 x 3 =	48. 3 x 2 =
49. 7 x 3 =	50. 10 x 3 =	51. 3 x 0 =
52. 9 x 3 =	53. 3 x 7 =	54. 3 x 3 =
55. 3 x 5 =	56. 3 x 4 =	57. 3 x 6 =
58. 3 x 2 =	59. 3 x 10 =	60. 8 x 3 =

Name: ______________________ Score: / 60 Time: ______

Page 15 - Multiply 3's

1. 3 x 4 =	2. 2 x 3 =	3. 6 x 3 =
4. 3 x 5 =	5. 3 x 8 =	6. 3 x 9 =
7. 3 x 3 =	8. 0 x 3 =	9. 4 x 3 =
10. 7 x 3 =	11. 10 x 3 =	12. 3 x 6 =
13. 3 x 5 =	14. 3 x 2 =	15. 5 x 3 =
16. 3 x 9 =	17. 8 x 3 =	18. 3 x 0 =
19. 3 x 7 =	20. 3 x 10 =	21. 1 x 3 =
22. 8 x 3 =	23. 6 x 3 =	24. 2 x 3 =
25. 3 x 1 =	26. 3 x 3 =	27. 9 x 3 =
28. 10 x 3 =	29. 5 x 3 =	30. 7 x 3 =
31. 2 x 3 =	32. 4 x 3 =	33. 3 x 8 =
34. 9 x 3 =	35. 3 x 4 =	36. 5 x 3 =
37. 6 x 3 =	38. 3 x 1 =	39. 3 x 3 =
40. 0 x 3 =	41. 9 x 3 =	42. 3 x 5 =
43. 3 x 6 =	44. 3 x 4 =	45. 3 x 2 =
46. 7 x 3 =	47. 8 x 3 =	48. 3 x 5 =
49. 4 x 3 =	50. 3 x 2 =	51. 3 x 10 =
52. 3 x 3 =	53. 3 x 7 =	54. 3 x 6 =
55. 2 x 3 =	56. 5 x 3 =	57. 3 x 9 =
58. 3 x 6 =	59. 3 x 8 =	60. 4 x 3 =

Name: ______________________ Score: / 60 Time: ______

Page 16 – Multiply 3's

1. 3 x 2 =	2. 9 x 3 =	3. 3 x 1 =
4. 3 x 6 =	5. 3 x 4 =	6. 7 x 3 =
7. 0 x 3 =	8. 3 x 3 =	9. 8 x 3 =
10. 10 x 3 =	11. 3 x 5 =	12. 3 x 4 =
13. 2 x 3 =	14. 3 x 7 =	15. 10 x 3 =
16. 4 x 3 =	17. 8 x 3 =	18. 3 x 8 =
19. 9 x 3 =	20. 3 x 0 =	21. 4 x 3 =
22. 3 x 8 =	23. 5 x 3 =	24. 3 x 2 =
25. 3 x 9 =	26. 4 x 3 =	27. 10 x 3 =
28. 3 x 6 =	29. 1 x 3 =	30. 5 x 3 =
31. 3 x 3 =	32. 4 x 3 =	33. 7 x 3 =
34. 3 x 7 =	35. 3 x 5 =	36. 6 x 3 =
37. 3 x 4 =	38. 8 x 3 =	39. 3 x 9 =
40. 3 x 10 =	41. 2 x 3 =	42. 5 x 3 =
43. 4 x 3 =	44. 7 x 3 =	45. 9 x 3 =
46. 8 x 3 =	47. 3 x 6 =	48. 2 x 3 =
49. 3 x 5 =	50. 9 x 3 =	51. 3 x 3 =
52. 3 x 7 =	53. 3 x 6 =	54. 4 x 3 =
55. 3 x 3 =	56. 3 x 10 =	57. 3 x 8 =
58. 3 x 9 =	59. 3 x 4 =	60. 5 x 3 =

Name: ________________ Score: / 60 Time: ______

Page 17 - Multiply 4's

1. **2 x 4 =**	2. **4 x 3 =**	3. **5 x 4 =**
4. **10 x 4 =**	5. **4 x 4 =**	6. **4 x 10 =**
7. **4 x 1 =**	8. **4 x 7 =**	9. **4 x 6 =**
10. **9 x 4 =**	11. **4 x 2 =**	12. **4 x 8 =**
13. **4 x 5 =**	14. **1 x 4 =**	15. **4 x 4 =**
16. **4 x 10 =**	17. **6 x 4 =**	18. **3 x 4 =**
19. **2 x 4 =**	20. **4 x 3 =**	21. **4 x 4 =**
22. **7 x 4 =**	23. **8 x 4 =**	24. **4 x 9 =**
25. **4 x 4 =**	26. **4 x 6 =**	27. **4 x 3 =**
28. **2 x 4 =**	29. **7 x 4 =**	30. **4 x 5 =**
31. **5 x 4 =**	32. **3 x 4 =**	33. **4 x 7 =**
34. **4 x 1 =**	35. **10 x 4 =**	36. **4 x 6 =**
37. **4 x 8 =**	38. **9 x 4 =**	39. **4 x 4 =**
40. **5 x 4 =**	41. **0 x 4 =**	42. **4 x 6 =**
43. **7 x 4 =**	44. **4 x 7 =**	45. **4 x 9 =**
46. **4 x 3 =**	47. **4 x 4 =**	48. **4 x 2 =**
49. **4 x 10 =**	50. **4 x 9 =**	51. **8 x 4 =**
52. **6 x 4 =**	53. **7 x 4 =**	54. **4 x 0 =**
55. **1 x 4 =**	56. **4 x 5 =**	57. **9 x 4 =**
58. **4 x 4 =**	59. **4 x 3 =**	60. **6 x 4 =**

Name: ______________________ Score: / 60 Time: ______

Page 18 - Multiply 4's

1.	2 x 4 =	2.	4 x 5 =	3.	4 x 4 =
4.	6 x 4 =	5.	10 x 4 =	6.	4 x 3 =
7.	9 x 4 =	8.	0 x 4 =	9.	7 x 4 =
10.	5 x 4 =	11.	4 x 8 =	12.	6 x 4 =
13.	3 x 4 =	14.	4 x 10 =	15.	1 x 4 =
16.	0 x 4 =	17.	4 x 9 =	18.	4 x 4 =
19.	4 x 5 =	20.	2 x 4 =	21.	4 x 6 =
22.	4 x 4 =	23.	3 x 4 =	24.	4 x 2 =
25.	10 x 4 =	26.	8 x 4 =	27.	4 x 3 =
28.	4 x 7 =	29.	5 x 4 =	30.	8 x 4 =
31.	4 x 0 =	32.	4 x 9 =	33.	2 x 4 =
34.	7 x 4 =	35.	4 x 4 =	36.	4 x 1 =
37.	4 x 2 =	38.	10 x 4 =	39.	4 x 5 =
40.	9 x 4 =	41.	7 x 4 =	42.	6 x 4 =
43.	4 x 9 =	44.	3 x 4 =	45.	4 x 10 =
46.	8 x 4 =	47.	4 x 4 =	48.	4 x 2 =
49.	4 x 6 =	50.	3 x 4 =	51.	5 x 4 =
52.	4 x 1 =	53.	4 x 9 =	54.	4 x 4 =
55.	4 x 7 =	56.	5 x 4 =	57.	4 x 3 =
58.	4 x 10 =	59.	2 x 4 =	60.	4 x 8 =

Name: ______________________ Score: / 60 Time: ______

Page 19 - Multiply 4's

1. 4 x 4 =	2. 3 x 4 =	3. 4 x 7 =
4. 4 x 6 =	5. 2 x 4 =	6. 5 x 4 =
7. 4 x 3 =	8. 4 x 4 =	9. 9 x 4 =
10. 0 x 4 =	11. 4 x 1 =	12. 4 x 6 =
13. 4 x 8 =	14. 4 x 5 =	15. 10 x 4 =
16. 4 x 3 =	17. 4 x 7 =	18. 4 x 0 =
19. 8 x 4 =	20. 9 x 4 =	21. 4 x 2 =
22. 6 x 4 =	23. 4 x 5 =	24. 3 x 4 =
25. 1 x 4 =	26. 7 x 4 =	27. 4 x 4 =
28. 4 x 10 =	29. 3 x 4 =	30. 4 x 8 =
31. 4 x 4 =	32. 4 x 9 =	33. 4 x 6 =
34. 5 x 4 =	35. 4 x 0 =	36. 5 x 4 =
37. 4 x 7 =	38. 4 x 5 =	39. 4 x 9 =
40. 2 x 4 =	41. 10 x 4 =	42. 8 x 4 =
43. 4 x 4 =	44. 4 x 2 =	45. 6 x 4 =
46. 7 x 4 =	47. 1 x 4 =	48. 4 x 4 =
49. 4 x 3 =	50. 4 x 9 =	51. 3 x 4 =
52. 4 x 7 =	53. 6 x 4 =	54. 4 x 1 =
55. 4 x 5 =	56. 2 x 4 =	57. 4 x 10 =
58. 4 x 4 =	59. 8 x 4 =	60. 7 x 4 =

Name: ______________________ Score: / 60 Time: _______

Page 20 - Multiply 4's

1. **4 x 8 =**	2. **2 x 4 =**	3. **4 x 7 =**
4. **4 x 4 =**	5. **10 x 4 =**	6. **4 x 5 =**
7. **1 x 4 =**	8. **6 x 4 =**	9. **9 x 4 =**
10. **3 x 4 =**	11. **8 x 4 =**	12. **4 x 2 =**
13. **5 x 4 =**	14. **4 x 4 =**	15. **4 x 3 =**
16. **4 x 6 =**	17. **8 x 4 =**	18. **7 x 4 =**
19. **4 x 10 =**	20. **5 x 4 =**	21. **4 x 9 =**
22. **3 x 4 =**	23. **4 x 4 =**	24. **4 x 1 =**
25. **2 x 4 =**	26. **8 x 4 =**	27. **9 x 4 =**
28. **4 x 5 =**	29. **6 x 4 =**	30. **4 x 3 =**
31. **3 x 4 =**	32. **2 x 4 =**	33. **1 x 4 =**
34. **4 x 1 =**	35. **6 x 4 =**	36. **4 x 8 =**
37. **4 x 4 =**	38. **7 x 4 =**	39. **4 x 7 =**
40. **4 x 9 =**	41. **10 x 4 =**	42. **6 x 4 =**
43. **4 x 8 =**	44. **4 x 4 =**	45. **0 x 4 =**
46. **7 x 4 =**	47. **4 x 6 =**	48. **5 x 4 =**
49. **4 x 3 =**	50. **9 x 4 =**	51. **4 x 2 =**
52. **10 x 4 =**	53. **0 x 4 =**	54. **4 x 8 =**
55. **4 x 6 =**	56. **9 x 4 =**	57. **4 x 4 =**
58. **4 x 7 =**	59. **3 x 4 =**	60. **4 x 10 =**

Name: ____________________ Score: / 60 Time: ______

Page 21 - Multiply 4's

1. 4 x 5 =	2. 3 x 4 =	3. 4 x 2 =
4. 9 x 4 =	5. 8 x 4 =	6. 4 x 9 =
7. 7 x 4 =	8. 4 x 5 =	9. 4 x 6 =
10. 4 x 3 =	11. 1 x 4 =	12. 10 x 4 =
13. 8 x 4 =	14. 6 x 4 =	15. 4 x 4 =
16. 2 x 4 =	17. 0 x 4 =	18. 4 x 3 =
19. 4 x 8 =	20. 4 x 7 =	21. 9 x 4 =
22. 3 x 4 =	23. 4 x 6 =	24. 4 x 4 =
25. 4 x 10 =	26. 4 x 9 =	27. 8 x 4 =
28. 5 x 4 =	29. 4 x 2 =	30. 4 x 8 =
31. 6 x 4 =	32. 4 x 6 =	33. 3 x 4 =
34. 4 x 4 =	35. 7 x 4 =	36. 4 x 7 =
37. 1 x 4 =	38. 10 x 4 =	39. 4 x 3 =
40. 2 x 4 =	41. 4 x 1 =	42. 10 x 4 =
43. 3 x 4 =	44. 4 x 2 =	45. 5 x 4 =
46. 4 x 8 =	47. 9 x 4 =	48. 4 x 7 =
49. 6 x 4 =	50. 4 x 3 =	51. 4 x 4 =
52. 7 x 4 =	53. 4 x 10 =	54. 4 x 6 =
55. 4 x 9 =	56. 8 x 4 =	57. 4 x 2 =
58. 3 x 4 =	59. 5 x 4 =	60. 6 x 4 =

Name: ______________________ Score: / 60 Time: ______

Page 22 - Multiply 4's

1.	2 x 4 =	2.	4 x 2 =	3.	4 x 4 =
4.	10 x 4 =	5.	7 x 4 =	6.	9 x 4 =
7.	4 x 5 =	8.	4 x 3 =	9.	4 x 1 =
10.	8 x 4 =	11.	0 x 4 =	12.	3 x 4 =
13.	4 x 9 =	14.	4 x 4 =	15.	4 x 6 =
16.	4 x 8 =	17.	1 x 4 =	18.	4 x 10 =
19.	7 x 4 =	20.	4 x 7 =	21.	4 x 4 =
22.	4 x 3 =	23.	4 x 5 =	24.	9 x 4 =
25.	4 x 6 =	26.	2 x 4 =	27.	8 x 4 =
28.	4 x 4 =	29.	1 x 4 =	30.	4 x 7 =
31.	4 x 10 =	32.	4 x 8 =	33.	4 x 4 =
34.	4 x 2 =	35.	3 x 4 =	36.	5 x 4 =
37.	4 x 7 =	38.	4 x 6 =	39.	7 x 4 =
40.	2 x 4 =	41.	4 x 0 =	42.	4 x 3 =
43.	8 x 4 =	44.	4 x 9 =	45.	10 x 4 =
46.	5 x 4 =	47.	4 x 4 =	48.	7 x 4 =
49.	4 x 7 =	50.	5 x 4 =	51.	4 x 10 =
52.	2 x 4 =	53.	6 x 4 =	54.	3 x 4 =
55.	7 x 4 =	56.	3 x 4 =	57.	4 x 5 =
58.	4 x 9 =	59.	10 x 4 =	60.	4 x 4 =

Name: ______________________ Score: / 60 Time: ______

Page 23 - Multiply 4's

1.	4 x 5 =	2.	2 x 4 =	3.	7 x 4 =
4.	4 x 8 =	5.	4 x 3 =	6.	6 x 4 =
7.	4 x 2 =	8.	5 x 4 =	9.	4 x 4 =
10.	4 x 10 =	11.	4 x 8 =	12.	9 x 4 =
13.	4 x 10 =	14.	4 x 4 =	15.	4 x 7 =
16.	4 x 6 =	17.	4 x 9 =	18.	8 x 4 =
19.	4 x 3 =	20.	6 x 4 =	21.	4 x 5 =
22.	4 x 4 =	23.	10 x 4 =	24.	4 x 1 =
25.	5 x 4 =	26.	4 x 2 =	27.	4 x 8 =
28.	4 x 4 =	29.	6 x 4 =	30.	4 x 7 =
31.	4 x 8 =	32.	3 x 4 =	33.	4 x 10 =
34.	4 x 6 =	35.	9 x 4 =	36.	4 x 5 =
37.	10 x 4 =	38.	4 x 7 =	39.	4 x 3 =
40.	4 x 4 =	41.	6 x 4 =	42.	8 x 4 =
43.	4 x 9 =	44.	2 x 4 =	45.	3 x 4 =
46.	7 x 4 =	47.	4 x 5 =	48.	4 x 10 =
49.	4 x 1 =	50.	6 x 4 =	51.	3 x 4 =
52.	7 x 4 =	53.	4 x 4 =	54.	8 x 4 =
55.	3 x 4 =	56.	0 x 4 =	57.	7 x 4 =
58.	2 x 4 =	59.	9 x 4 =	60.	5 x 4 =

Name: ______________________ Score: / 60 Time: ______

Page 24 - Multiply 5's

1.	5 x 2 =	2.	6 x 5 =	3.	5 x 5 =
4.	9 x 5 =	5.	4 x 5 =	6.	5 x 7 =
7.	5 x 8 =	8.	2 x 5 =	9.	5 x 1 =
10.	5 x 4 =	11.	5 x 3 =	12.	10 x 5 =
13.	5 x 6 =	14.	5 x 5 =	15.	0 x 5 =
16.	8 x 5 =	17.	6 x 5 =	18.	3 x 5 =
19.	5 x 2 =	20.	5 x 7 =	21.	5 x 9 =
22.	5 x 10 =	23.	8 x 5 =	24.	7 x 5 =
25.	3 x 5 =	26.	1 x 5 =	27.	6 x 5 =
28.	5 x 5 =	29.	5 x 9 =	30.	5 x 3 =
31.	7 x 5 =	32.	5 x 10 =	33.	5 x 2 =
34.	5 x 8 =	35.	4 x 5 =	36.	3 x 5 =
37.	2 x 5 =	38.	1 x 5 =	39.	8 x 5 =
40.	5 x 6 =	41.	5 x 4 =	42.	9 x 5 =
43.	0 x 5 =	44.	5 x 5 =	45.	7 x 5 =
46.	5 x 3 =	47.	8 x 5 =	48.	10 x 5 =
49.	5 x 1 =	50.	5 x 9 =	51.	4 x 5 =
52.	2 x 5 =	53.	10 x 5 =	54.	5 x 3 =
55.	5 x 10 =	56.	5 x 0 =	57.	5 x 5 =
58.	5 x 7 =	59.	5 x 6 =	60.	5 x 8 =

Name: ____________________ Score: / 60 Time: ______

Page 25 - Multiply 5's

1.	5 x 5 =	2.	8 x 5 =	3.	7 x 5 =
4.	10 x 5 =	5.	2 x 5 =	6.	5 x 3 =
7.	3 x 5 =	8.	9 x 5 =	9.	6 x 5 =
10.	4 x 5 =	11.	5 x 8 =	12.	3 x 5 =
13.	5 x 2 =	14.	5 x 5 =	15.	5 x 6 =
16.	5 x 1 =	17.	0 x 5 =	18.	5 x 9 =
19.	8 x 5 =	20.	5 x 10 =	21.	5 x 3 =
22.	5 x 7 =	23.	10 x 5 =	24.	5 x 5 =
25.	3 x 5 =	26.	5 x 6 =	27.	4 x 5 =
28.	9 x 5 =	29.	5 x 3 =	30.	5 x 5 =
31.	5 x 6 =	32.	8 x 5 =	33.	5 x 10 =
34.	5 x 8 =	35.	5 x 7 =	36.	10 x 5 =
37.	9 x 5 =	38.	2 x 5 =	39.	6 x 5 =
40.	5 x 4 =	41.	2 x 5 =	42.	7 x 5 =
43.	4 x 5 =	44.	5 x 9 =	45.	6 x 5 =
46.	3 x 5 =	47.	10 x 5 =	48.	8 x 5 =
49.	5 x 0 =	50.	5 x 5 =	51.	4 x 5 =
52.	9 x 5 =	53.	1 x 5 =	54.	5 x 3 =
55.	5 x 7 =	56.	10 x 5 =	57.	2 x 5 =
58.	5 x 5 =	59.	5 x 4 =	60.	6 x 5 =

Name: ______________________ Score: / 60 Time: ______

Page 26 - Multiply 5's

1. 3 x 5 =	2. 7 x 5 =	3. 5 x 10 =
4. 1 x 5 =	5. 5 x 2 =	6. 8 x 5 =
7. 4 x 5 =	8. 5 x 3 =	9. 6 x 5 =
10. 10 x 5 =	11. 5 x 5 =	12. 5 x 7 =
13. 9 x 5 =	14. 6 x 5 =	15. 2 x 5 =
16. 5 x 6 =	17. 5 x 8 =	18. 2 x 5 =
19. 5 x 9 =	20. 5 x 4 =	21. 3 x 5 =
22. 5 x 2 =	23. 5 x 1 =	24. 5 x 5 =
25. 10 x 5 =	26. 4 x 5 =	27. 9 x 5 =
28. 3 x 5 =	29. 6 x 5 =	30. 5 x 7 =
31. 5 x 5 =	32. 10 x 5 =	33. 1 x 5 =
34. 3 x 5 =	35. 4 x 5 =	36. 5 x 3 =
37. 5 x 7 =	38. 9 x 5 =	39. 8 x 5 =
40. 6 x 5 =	41. 2 x 5 =	42. 5 x 3 =
43. 5 x 8 =	44. 5 x 5 =	45. 7 x 5 =
46. 5 x 4 =	47. 8 x 5 =	48. 5 x 10 =
49. 5 x 3 =	50. 0 x 5 =	51. 5 x 5 =
52. 4 x 5 =	53. 5 x 6 =	54. 5 x 9 =
55. 5 x 7 =	56. 8 x 5 =	57. 5 x 4 =
58. 10 x 5 =	59. 3 x 5 =	60. 5 x 5 =

Name: ______________________ Score: / 60 Time: ________

Page 27 - Multiply 5's

1. 5 x 7 =	2. 1 x 5 =	3. 3 x 5 =
4. 5 x 5 =	5. 2 x 5 =	6. 6 x 5 =
7. 5 x 8 =	8. 4 x 5 =	9. 7 x 5 =
10. 5 x 4 =	11. 5 x 10 =	12. 5 x 9 =
13. 5 x 2 =	14. 5 x 5 =	15. 5 x 10 =
16. 5 x 4 =	17. 8 x 5 =	18. 5 x 0 =
19. 5 x 6 =	20. 9 x 5 =	21. 0 x 5 =
22. 5 x 3 =	23. 0 x 5 =	24. 10 x 5 =
25. 5 x 8 =	26. 6 x 5 =	27. 5 x 7 =
28. 4 x 5 =	29. 5 x 1 =	30. 5 x 4 =
31. 5 x 5 =	32. 6 x 5 =	33. 5 x 3 =
34. 8 x 5 =	35. 5 x 7 =	36. 5 x 9 =
37. 5 x 4 =	38. 10 x 5 =	39. 3 x 5 =
40. 2 x 5 =	41. 5 x 8 =	42. 9 x 5 =
43. 5 x 5 =	44. 5 x 4 =	45. 0 x 5 =
46. 7 x 5 =	47. 6 x 5 =	48. 5 x 3 =
49. 8 x 5 =	50. 2 x 5 =	51. 4 x 5 =
52. 10 x 5 =	53. 9 x 5 =	54. 5 x 5 =
55. 5 x 3 =	56. 5 x 0 =	57. 7 x 5 =
58. 5 x 6 =	59. 5 x 8 =	60. 5 x 2 =

Name: ______________________ Score: / 60 Time: ______

Page 28 - Multiply 5's

1. 5 x 2 =
2. 10 x 5 =
3. 9 x 5 =
4. 8 x 5 =
5. 4 x 5 =
6. 5 x 6 =
7. 5 x 3 =
8. 1 x 5 =
9. 7 x 5 =
10. 5 x 8 =
11. 3 x 5 =
12. 5 x 4 =
13. 5 x 9 =
14. 5 x 10 =
15. 5 x 5 =
16. 6 x 5 =
17. 7 x 5 =
18. 5 x 1 =
19. 2 x 5 =
20. 0 x 5 =
21. 5 x 3 =
22. 5 x 7 =
23. 5 x 8 =
24. 5 x 6 =
25. 2 x 5 =
26. 5 x 5 =
27. 9 x 5 =
28. 10 x 5 =
29. 5 x 7 =
30. 5 x 5 =
31. 5 x 2 =
32. 5 x 4 =
33. 5 x 8 =
34. 9 x 5 =
35. 5 x 3 =
36. 5 x 6 =
37. 5 x 5 =
38. 10 x 5 =
39. 6 x 5 =
40. 5 x 8 =
41. 5 x 5 =
42. 2 x 5 =
43. 7 x 5 =
44. 1 x 5 =
45. 10 x 5 =
46. 6 x 5 =
47. 9 x 5 =
48. 8 x 5 =
49. 4 x 5 =
50. 5 x 2 =
51. 2 x 5 =
52. 3 x 5 =
53. 7 x 5 =
54. 8 x 5 =
55. 5 x 0 =
56. 5 x 9 =
57. 5 x 7 =
58. 5 x 5 =
59. 5 x 10 =
60. 4 x 5 =

Name: ____________________ Score: / 60 Time: ________

Page 29 - Multiply 5's

1. 7 x 5 =	2. 5 x 7 =	3. 5 x 3 =
4. 5 x 5 =	5. 9 x 5 =	6. 5 x 8 =
7. 5 x 6 =	8. 10 x 5 =	9. 3 x 5 =
10. 10 x 5 =	11. 1 x 5 =	12. 2 x 5 =
13. 5 x 3 =	14. 4 x 5 =	15. 5 x 5 =
16. 9 x 5 =	17. 3 x 5 =	18. 2 x 5 =
19. 5 x 7 =	20. 5 x 8 =	21. 5 x 6 =
22. 5 x 10 =	23. 9 x 5 =	24. 5 x 5 =
25. 5 x 8 =	26. 7 x 5 =	27. 2 x 5 =
28. 4 x 5 =	29. 3 x 5 =	30. 5 x 3 =
31. 6 x 5 =	32. 5 x 9 =	33. 1 x 5 =
34. 5 x 10 =	35. 5 x 5 =	36. 5 x 7 =
37. 3 x 5 =	38. 5 x 1 =	39. 2 x 5 =
40. 5 x 8 =	41. 5 x 4 =	42. 6 x 5 =
43. 5 x 3 =	44. 5 x 0 =	45. 5 x 10 =
46. 0 x 5 =	47. 5 x 2 =	48. 5 x 6 =
49. 5 x 4 =	50. 9 x 5 =	51. 3 x 5 =
52. 7 x 5 =	53. 10 x 5 =	54. 0 x 5 =
55. 5 x 5 =	56. 5 x 6 =	57. 5 x 7 =
58. 9 x 5 =	59. 5 x 8 =	60. 5 x 4 =

Name: ____________________ Score: / 60 Time: ______

Page 30 - Multiply 5's

1. 5 x 5 =	2. 6 x 5 =	3. 8 x 5 =
4. 10 x 5 =	5. 5 x 1 =	6. 4 x 5 =
7. 7 x 5 =	8. 3 x 5 =	9. 2 x 5 =
10. 8 x 5 =	11. 5 x 10 =	12. 5 x 7 =
13. 2 x 5 =	14. 5 x 0 =	15. 5 x 9 =
16. 5 x 8 =	17. 5 x 5 =	18. 6 x 5 =
19. 5 x 4 =	20. 3 x 5 =	21. 5 x 2 =
22. 5 x 6 =	23. 5 x 7 =	24. 10 x 5 =
25. 4 x 5 =	26. 0 x 5 =	27. 8 x 5 =
28. 6 x 5 =	29. 2 x 5 =	30. 5 x 3 =
31. 1 x 5 =	32. 5 x 4 =	33. 9 x 5 =
34. 5 x 8 =	35. 5 x 10 =	36. 3 x 5 =
37. 5 x 5 =	38. 2 x 5 =	39. 10 x 5 =
40. 7 x 5 =	41. 9 x 5 =	42. 6 x 5 =
43. 5 x 5 =	44. 4 x 5 =	45. 8 x 5 =
46. 5 x 3 =	47. 10 x 5 =	48. 5 x 2 =
49. 5 x 7 =	50. 0 x 5 =	51. 5 x 1 =
52. 5 x 10 =	53. 5 x 8 =	54. 5 x 5 =
55. 5 x 6 =	56. 2 x 5 =	57. 4 x 5 =
58. 5 x 9 =	59. 3 x 5 =	60. 5 x 7 =

Name: ______________________ Score: / 60 Time: ______

Page 31 - Multiply 6's

1. 2 x 6 =	2. 6 x 6 =	3. 6 x 5 =
4. 6 x 8 =	5. 1 x 6 =	6. 4 x 6 =
7. 9 x 6 =	8. 6 x 2 =	9. 3 x 6 =
10. 6 x 7 =	11. 10 x 6 =	12. 6 x 0 =
13. 6 x 6 =	14. 5 x 6 =	15. 8 x 6 =
16. 6 x 3 =	17. 6 x 2 =	18. 2 x 6 =
19. 6 x 5 =	20. 6 x 9 =	21. 4 x 6 =
22. 6 x 10 =	23. 6 x 8 =	24. 3 x 6 =
25. 9 x 6 =	26. 7 x 6 =	27. 4 x 6 =
28. 6 x 1 =	29. 3 x 6 =	30. 6 x 5 =
31. 6 x 6 =	32. 8 x 6 =	33. 4 x 6 =
34. 6 x 7 =	35. 9 x 6 =	36. 2 x 6 =
37. 6 x 4 =	38. 6 x 10 =	39. 6 x 6 =
40. 7 x 6 =	41. 5 x 6 =	42. 10 x 6 =
43. 9 x 6 =	44. 3 x 6 =	45. 0 x 6 =
46. 6 x 2 =	47. 6 x 6 =	48. 6 x 1 =
49. 10 x 6 =	50. 7 x 6 =	51. 6 x 8 =
52. 2 x 6 =	53. 6 x 5 =	54. 4 x 6 =
55. 0 x 6 =	56. 6 x 3 =	57. 6 x 6 =
58. 6 x 4 =	59. 7 x 6 =	60. 6 x 9 =

Name: ____________________ Score: / 60 Time: ______

Page 32 - Multiply 6's

1. **6 x 2 =** 12	2. **8 x 6 =** 40	3. **6 x 3 =**
4. **6 x 4 =** 24	5. **5 x 6 =**	6. **10 x 6 =**
7. **0 x 6 =** 0	8. **3 x 6 =**	9. **9 x 6 =**
10. **2 x 6 =** 16	11. **5 x 6 =**	12. **6 x 6 =**
13. **8 x 6 =** 440	14. **4 x 6 =**	15. **6 x 5 =**
16. **6 x 10 =** 60	17. **6 x 3 =**	18. **7 x 6 =**
19. **6 x 6 =** 26	20. **6 x 0 =**	21. **6 x 8 =**
22. **6 x 1 =** 6	23. **10 x 6 =**	24. **5 x 6 =**
25. **6 x 9 =** 54	26. **3 x 6 =**	27. **4 x 6 =**
28. **6 x 2 =** 12	29. **6 x 10 =**	30. **9 x 6 =**
31. **6 x 6 =** 26	32. **5 x 6 =**	33. **8 x 6 =**
34. **4 x 6 =** 24	35. **7 x 6 =**	36. **6 x 0 =**
37. **3 x 6 =** 18	38. **6 x 6 =**	39. **6 x 4 =**
40. **5 x 6 =** 30	41. **2 x 6 =**	42. **6 x 9 =**
43. **8 x 6 =** 46	44. **7 x 6 =**	45. **6 x 6 =**
46. **5 x 6 =** 30	47. **6 x 9 =**	48. **6 x 3 =**
49. **6 x 2 =** 12	50. **6 x 8 =**	51. **1 x 6 =**
52. **7 x 6 =** 34	53. **6 x 10 =**	54. **6 x 4 =**
55. **6 x 5 =** 30	56. **9 x 6 =**	57. **2 x 6 =**
58. **4 x 6 =** 24	59. **6 x 6 =**	60. **3 x 6 =**

Name: ______________________   Score: / 60   Time: _______

Page 33 - Multiply 6's

1. **6 x 3 =**	2. **6 x 5 =**	3. **5 x 6 =**
4. **6 x 6 =**	5. **6 x 4 =**	6. **6 x 2 =**
7. **6 x 7 =**	8. **1 x 6 =**	9. **9 x 6 =**
10. **5 x 6 =**	11. **8 x 6 =**	12. **2 x 6 =**
13. **6 x 10 =**	14. **7 x 6 =**	15. **3 x 6 =**
16. **0 x 6 =**	17. **6 x 1 =**	18. **10 x 6 =**
19. **4 x 6 =**	20. **6 x 6 =**	21. **2 x 6 =**
22. **6 x 3 =**	23. **9 x 6 =**	24. **5 x 6 =**
25. **4 x 6 =**	26. **6 x 10 =**	27. **7 x 6 =**
28. **6 x 8 =**	29. **3 x 6 =**	30. **9 x 6 =**
31. **6 x 1 =**	32. **4 x 6 =**	33. **6 x 5 =**
34. **3 x 6 =**	35. **7 x 6 =**	36. **2 x 6 =**
37. **6 x 6 =**	38. **2 x 6 =**	39. **8 x 6 =**
40. **7 x 6 =**	41. **10 x 6 =**	42. **6 x 4 =**
43. **5 x 6 =**	44. **3 x 6 =**	45. **6 x 0 =**
46. **6 x 9 =**	47. **6 x 6 =**	48. **8 x 6 =**
49. **6 x 2 =**	50. **5 x 6 =**	51. **9 x 6 =**
52. **6 x 8 =**	53. **4 x 6 =**	54. **6 x 3 =**
55. **6 x 2 =**	56. **6 x 10 =**	57. **6 x 6 =**
58. **6 x 5 =**	59. **6 x 7 =**	60. **3 x 6 =**

Name: ____________________ Score: / 60 Time: ______

Page 34 - Multiply 6's

1. 6 x 5 =	2. 6 x 3 =	3. 7 x 6 =
4. 6 x 1 =	5. 9 x 6 =	6. 10 x 6 =
7. 4 x 6 =	8. 6 x 6 =	9. 8 x 6 =
10. 2 x 6 =	11. 6 x 9 =	12. 3 x 6 =
13. 8 x 6 =	14. 5 x 6 =	15. 4 x 6 =
16. 3 x 6 =	17. 6 x 7 =	18. 6 x 4 =
19. 6 x 6 =	20. 6 x 9 =	21. 5 x 6 =
22. 6 x 8 =	23. 3 x 6 =	24. 1 x 6 =
25. 6 x 6 =	26. 6 x 2 =	27. 9 x 6 =
28. 4 x 6 =	29. 6 x 5 =	30. 10 x 6 =
31. 3 x 6 =	32. 8 x 6 =	33. 6 x 6 =
34. 6 x 10 =	35. 9 x 6 =	36. 7 x 6 =
37. 1 x 6 =	38. 5 x 6 =	39. 3 x 6 =
40. 2 x 6 =	41. 8 x 6 =	42. 10 x 6 =
43. 6 x 0 =	44. 6 x 9 =	45. 6 x 3 =
46. 6 x 5 =	47. 6 x 6 =	48. 7 x 6 =
49. 6 x 3 =	50. 6 x 4 =	51. 10 x 6 =
52. 6 x 7 =	53. 6 x 8 =	54. 6 x 2 =
55. 6 x 5 =	56. 0 x 6 =	57. 5 x 6 =
58. 6 x 10 =	59. 6 x 6 =	60. 9 x 6 =

Name: ______________________ Score: / 60 Time: ______

Page 35 - Multiply 6's

1.	4 x 6 =	2.	6 x 6 =	3.	6 x 2 =
4.	1 x 6 =	5.	7 x 6 =	6.	5 x 6 =
7.	6 x 5 =	8.	9 x 6 =	9.	3 x 6 =
10.	2 x 6 =	11.	4 x 6 =	12.	7 x 6 =
13.	6 x 8 =	14.	5 x 6 =	15.	3 x 6 =
16.	6 x 6 =	17.	6 x 10 =	18.	6 x 4 =
19.	6 x 3 =	20.	9 x 6 =	21.	6 x 7 =
22.	8 x 6 =	23.	2 x 6 =	24.	6 x 1 =
25.	9 x 6 =	26.	6 x 10 =	27.	3 x 6 =
28.	6 x 2 =	29.	6 x 5 =	30.	6 x 4 =
31.	6 x 6 =	32.	7 x 6 =	33.	8 x 6 =
34.	10 x 6 =	35.	6 x 5 =	36.	6 x 9 =
37.	8 x 6 =	38.	6 x 4 =	39.	6 x 6 =
40.	6 x 3 =	41.	6 x 2 =	42.	6 x 9 =
43.	0 x 6 =	44.	6 x 8 =	45.	6 x 7 =
46.	5 x 6 =	47.	4 x 6 =	48.	10 x 6 =
49.	6 x 1 =	50.	9 x 6 =	51.	8 x 6 =
52.	6 x 2 =	53.	6 x 4 =	54.	7 x 6 =
55.	6 x 10 =	56.	3 x 6 =	57.	6 x 6 =
58.	0 x 6 =	59.	6 x 5 =	60.	6 x 9 =

Name: ______________________ Score: / 60 Time: ______

Page 36 - Multiply 6's

1. 6 x 6 =	2. 5 x 6 =	3. 8 x 6 =
4. 2 x 6 =	5. 1 x 6 =	6. 3 x 6 =
7. 9 x 6 =	8. 4 x 6 =	9. 6 x 5 =
10. 2 x 6 =	11. 7 x 6 =	12. 10 x 6 =
13. 6 x 4 =	14. 6 x 6 =	15. 8 x 6 =
16. 3 x 6 =	17. 6 x 9 =	18. 6 x 5 =
19. 6 x 4 =	20. 6 x 10 =	21. 6 x 2 =
22. 6 x 1 =	23. 6 x 8 =	24. 6 x 7 =
25. 5 x 6 =	26. 2 x 6 =	27. 6 x 3 =
28. 6 x 6 =	29. 9 x 6 =	30. 6 x 4 =
31. 7 x 6 =	32. 0 x 6 =	33. 10 x 6 =
34. 6 x 3 =	35. 6 x 5 =	36. 6 x 2 =
37. 6 x 7 =	38. 8 x 6 =	39. 6 x 3 =
40. 2 x 6 =	41. 6 x 9 =	42. 0 x 6 =
43. 4 x 6 =	44. 3 x 6 =	45. 6 x 7 =
46. 9 x 6 =	47. 8 x 6 =	48. 6 x 5 =
49. 6 x 10 =	50. 6 x 6 =	51. 6 x 9 =
52. 4 x 6 =	53. 0 x 6 =	54. 6 x 2 =
55. 6 x 8 =	56. 6 x 3 =	57. 6 x 4 =
58. 6 x 5 =	59. 7 x 6 =	60. 9 x 6 =

Name: ______________________ Score: / 60 Time: ______

Page 37 - Multiply 6's

1. 5 x 6 =	2. 6 x 2 =	3. 6 x 6 =
4. 6 x 7 =	5. 4 x 6 =	6. 6 x 3 =
7. 10 x 6 =	8. 9 x 6 =	9. 6 x 8 =
10. 7 x 6 =	11. 6 x 6 =	12. 6 x 0 =
13. 3 x 6 =	14. 2 x 6 =	15. 6 x 4 =
16. 6 x 5 =	17. 7 x 6 =	18. 8 x 6 =
19. 6 x 6 =	20. 6 x 9 =	21. 10 x 6 =
22. 2 x 6 =	23. 6 x 3 =	24. 9 x 6 =
25. 10 x 6 =	26. 4 x 6 =	27. 6 x 6 =
28. 8 x 6 =	29. 6 x 3 =	30. 1 x 6 =
31. 2 x 6 =	32. 6 x 7 =	33. 5 x 6 =
34. 6 x 6 =	35. 8 x 6 =	36. 4 x 6 =
37. 6 x 2 =	38. 6 x 10 =	39. 6 x 3 =
40. 9 x 6 =	41. 6 x 4 =	42. 6 x 8 =
43. 7 x 6 =	44. 6 x 5 =	45. 2 x 6 =
46. 3 x 6 =	47. 6 x 0 =	48. 6 x 4 =
49. 5 x 6 =	50. 6 x 6 =	51. 8 x 6 =
52. 6 x 2 =	53. 7 x 6 =	54. 6 x 4 =
55. 6 x 10 =	56. 5 x 6 =	57. 9 x 6 =
58. 8 x 6 =	59. 1 x 6 =	60. 6 x 3 =

Mummy - 20.1 x
12Q. 2nd 20.46 sec

1. 12 Q - 1:17:33 sec
2. 12 Q - 34.87 sec

Name: Theodore M Cook Score: /60 Time: ________

Page 38 - Multiply 7's

1. **7 x 10 =** 70	2. **7 x 1 =** 7	3. **3 x 7 =** 21
4. **2 x 7 =** 14	5. **4 x 7 =** 28	6. **6 x 7 =** 42
7. **7 x 5 =** 35	8. **7 x 7 =** 49	9. **9 x 7 =** 63
10. **0 x 7 =** 0	11. **6 x 7 =** 42	12. **3 x 7 =** 21
13. **7 x 1 =** 7 ✓	14. **10 x 7 =** 70 ✓	15. **7 x 2 =** 14
16. **7 x 7 =** 49 x	17. **9 x 7 =** 63 ✓	18. **7 x 8 =** 56 ✓
19. **7 x 10 =** 70 ✓	20. **7 x 6 =** 42 ✓	21. **7 x 4 =** 28 ✓
22. **3 x 7 =** 21 ✓	23. **7 x 2 =** 14 ✓	24. **8 x 7 =** 56 ✓
25. **10 x 7 =** 70 ✓	26. **5 x 7 =** 35 ✓	27. **7 x 3 =** 21 ✓
28. **7 x 6 =** 42 ✓	29. **7 x 9 =** 63 ✓	30. **1 x 7 =** 7 ✓
31. **2 x 7 =** 14 ✓	32. **7 x 7 =** 49 ✓	33. **7 x 0 =** 0 ✓
34. **10 x 7 =** 70 ✓	35. **7 x 3 =** 21 ✓	36. **7 x 6 =** 42 ✓
37. **7 x 5 =** 35 ✓	38. **8 x 7 =** 56 ✓	39. **2 x 7 =** 14 ✓
40. **7 x 3 =** 21 ✓	41. **7 x 4 =** 28 ✓	42. **7 x 9 =** 63 ✓
43. **0 x 7 =** 0 ✓	44. **7 x 8 =** 63 x 56	45. **5 x 7 =** 35 ✓
46. **7 x 1 =** 7 ✓	47. **6 x 7 =** 42 ✓	48. **7 x 7 =** 49 ✓
49. **2 x 7 =** 14	50. **7 x 0 =** 0	51. **5 x 7 =** 35 (end)
52. **9 x 7 =**	53. **8 x 7 =**	54. **7 x 10 =**
55. **7 x 3 =**	56. **7 x 2 =**	57. **4 x 7 =**
58. **7 x 7 =**	59. **7 x 5 =**	60. **10 x 7 =**

Name: ______________________ Score: / 60 Time: ______

Page 39 - Multiply 7's

1. 7 x 2 =	2. 3 x 7 =	3. 6 x 7 =
4. 5 x 7 =	5. 7 x 1 =	6. 2 x 7 =
7. 7 x 7 =	8. 8 x 7 =	9. 10 x 7 =
10. 6 x 7 =	11. 4 x 7 =	12. 9 x 7 =
13. 2 x 7 =	14. 1 x 7 =	15. 7 x 3 =
16. 7 x 6 =	17. 7 x 7 =	18. 8 x 7 =
19. 9 x 7 =	20. 7 x 10 =	21. 7 x 5 =
22. 7 x 4 =	23. 7 x 7 =	24. 7 x 3 =
25. 7 x 1 =	26. 7 x 2 =	27. 6 x 7 =
28. 7 x 5 =	29. 9 x 7 =	30. 3 x 7 =
31. 7 x 7 =	32. 7 x 8 =	33. 4 x 7 =
34. 10 x 7 =	35. 5 x 7 =	36. 0 x 7 =
37. 9 x 7 =	38. 2 x 7 =	39. 1 x 7 =
40. 3 x 7 =	41. 6 x 7 =	42. 7 x 9 =
43. 8 x 7 =	44. 7 x 7 =	45. 2 x 7 =
46. 7 x 1 =	47. 7 x 10 =	48. 0 x 7 =
49. 7 x 4 =	50. 6 x 7 =	51. 7 x 3 =
52. 7 x 2 =	53. 5 x 7 =	54. 10 x 7 =
55. 9 x 7 =	56. 7 x 8 =	57. 7 x 7 =
58. 3 x 7 =	59. 7 x 6 =	60. 4 x 7 =

Name: ____________________ Score: / 60 Time: ______

Page 40 - Multiply 7's

1. 7 x 2 =	2. 5 x 7 =	3. 6 x 7 =
4. 1 x 7 =	5. 7 x 7 =	6. 10 x 7 =
7. 7 x 6 =	8. 4 x 7 =	9. 3 x 7 =
10. 9 x 7 =	11. 2 x 7 =	12. 8 x 7 =
13. 7 x 5 =	14. 7 x 9 =	15. 10 x 7 =
16. 7 x 4 =	17. 7 x 8 =	18. 7 x 1 =
19. 7 x 7 =	20. 7 x 3 =	21. 6 x 7 =
22. 8 x 7 =	23. 5 x 7 =	24. 6 x 7 =
25. 7 x 2 =	26. 7 x 8 =	27. 4 x 7 =
28. 7 x 10 =	29. 7 x 7 =	30. 5 x 7 =
31. 8 x 7 =	32. 1 x 7 =	33. 3 x 7 =
34. 7 x 6 =	35. 7 x 2 =	36. 7 x 6 =
37. 3 x 7 =	38. 9 x 7 =	39. 4 x 7 =
40. 7 x 7 =	41. 6 x 7 =	42. 7 x 5 =
43. 2 x 7 =	44. 7 x 10 =	45. 7 x 8 =
46. 7 x 7 =	47. 7 x 3 =	48. 7 x 0 =
49. 5 x 7 =	50. 7 x 6 =	51. 6 x 7 =
52. 7 x 4 =	53. 7 x 7 =	54. 7 x 3 =
55. 8 x 7 =	56. 0 x 7 =	57. 7 x 2 =
58. 3 x 7 =	59. 7 x 9 =	60. 10 x 7 =

Name: ______________________ Score: / 60 Time: _______

Page 41 - Multiply 7's

1. **7 x 7 =**	2. **7 x 2 =**	3. **5 x 7 =**
4. **10 x 7 =**	5. **3 x 7 =**	6. **7 x 4 =**
7. **6 x 7 =**	8. **7 x 7 =**	9. **7 x 1 =**
10. **7 x 8 =**	11. **7 x 9 =**	12. **4 x 7 =**
13. **2 x 7 =**	14. **8 x 7 =**	15. **7 x 3 =**
16. **6 x 7 =**	17. **5 x 7 =**	18. **10 x 7 =**
19. **1 x 7 =**	20. **4 x 7 =**	21. **2 x 7 =**
22. **7 x 6 =**	23. **3 x 7 =**	24. **7 x 5 =**
25. **9 x 7 =**	26. **7 x 10 =**	27. **7 x 7 =**
28. **7 x 4 =**	29. **7 x 0 =**	30. **6 x 7 =**
31. **7 x 2 =**	32. **8 x 7 =**	33. **7 x 9 =**
34. **6 x 7 =**	35. **10 x 7 =**	36. **7 x 5 =**
37. **7 x 10 =**	38. **3 x 7 =**	39. **7 x 8 =**
40. **9 x 7 =**	41. **5 x 7 =**	42. **7 x 4 =**
43. **7 x 7 =**	44. **7 x 6 =**	45. **7 x 1 =**
46. **4 x 7 =**	47. **7 x 3 =**	48. **9 x 7 =**
49. **5 x 7 =**	50. **7 x 0 =**	51. **2 x 7 =**
52. **0 x 7 =**	53. **10 x 7 =**	54. **7 x 8 =**
55. **7 x 3 =**	56. **4 x 7 =**	57. **7 x 7 =**
58. **8 x 7 =**	59. **7 x 9 =**	60. **6 x 7 =**

Name: ____________________ Score: / 60 Time: ______

Page 42 - Multiply 7's

1. 5 x 7 =	2. 10 x 7 =	3. 2 x 7 =
4. 6 x 7 =	5. 3 x 7 =	6. 8 x 7 =
7. 7 x 2 =	8. 7 x 4 =	9. 7 x 9 =
10. 1 x 7 =	11. 7 x 5 =	12. 3 x 7 =
13. 9 x 7 =	14. 7 x 9 =	15. 10 x 7 =
16. 7 x 7 =	17. 7 x 6 =	18. 7 x 1 =
19. 7 x 8 =	20. 7 x 3 =	21. 4 x 7 =
22. 7 x 2 =	23. 7 x 7 =	24. 5 x 7 =
25. 2 x 7 =	26. 9 x 7 =	27. 3 x 7 =
28. 7 x 10 =	29. 7 x 4 =	30. 7 x 6 =
31. 7 x 9 =	32. 7 x 3 =	33. 5 x 7 =
34. 7 x 7 =	35. 0 x 7 =	36. 7 x 2 =
37. 7 x 5 =	38. 9 x 7 =	39. 8 x 7 =
40. 7 x 3 =	41. 10 x 7 =	42. 7 x 2 =
43. 6 x 7 =	44. 4 x 7 =	45. 3 x 7 =
46. 7 x 0 =	47. 7 x 7 =	48. 7 x 5 =
49. 7 x 2 =	50. 7 x 6 =	51. 7 x 8 =
52. 3 x 7 =	53. 10 x 7 =	54. 2 x 7 =
55. 7 x 9 =	56. 7 x 4 =	57. 7 x 6 =
58. 7 x 3 =	59. 7 x 7 =	60. 7 x 5 =

Name: ______________________ Score: / 60 Time: ______

Page 43 - Multiply 7's

1. 5 x 7 =	2. 2 x 7 =	3. 4 x 7 =
4. 10 x 7 =	5. 1 x 7 =	6. 6 x 7 =
7. 3 x 7 =	8. 7 x 7 =	9. 9 x 7 =
10. 7 x 2 =	11. 8 x 7 =	12. 5 x 7 =
13. 7 x 6 =	14. 7 x 4 =	15. 10 x 7 =
16. 7 x 9 =	17. 3 x 7 =	18. 6 x 7 =
19. 7 x 10 =	20. 7 x 5 =	21. 7 x 8 =
22. 7 x 4 =	23. 7 x 2 =	24. 2 x 7 =
25. 7 x 7 =	26. 7 x 3 =	27. 7 x 1 =
28. 8 x 7 =	29. 9 x 7 =	30. 5 x 7 =
31. 4 x 7 =	32. 7 x 6 =	33. 2 x 7 =
34. 10 x 7 =	35. 7 x 5 =	36. 3 x 7 =
37. 7 x 6 =	38. 7 x 7 =	39. 7 x 4 =
40. 7 x 3 =	41. 7 x 9 =	42. 0 x 7 =
43. 6 x 7 =	44. 7 x 2 =	45. 4 x 7 =
46. 7 x 7 =	47. 9 x 7 =	48. 3 x 7 =
49. 6 x 7 =	50. 7 x 8 =	51. 7 x 5 =
52. 4 x 7 =	53. 7 x 3 =	54. 7 x 7 =
55. 9 x 7 =	56. 7 x 10 =	57. 2 x 7 =
58. 8 x 7 =	59. 7 x 7 =	60. 3 x 7 =

Name: ____________________ Score: / 60 Time: ______

Page 44 - Multiply 7's

1.	7 x 3 =	2.	4 x 7 =	3.	6 x 7 =
4.	7 x 7 =	5.	5 x 7 =	6.	10 x 7 =
7.	9 x 7 =	8.	3 x 7 =	9.	7 x 7 =
10.	8 x 7 =	11.	7 x 5 =	12.	7 x 6 =
13.	7 x 4 =	14.	7 x 2 =	15.	7 x 9 =
16.	7 x 7 =	17.	6 x 7 =	18.	7 x 5 =
19.	10 x 7 =	20.	7 x 8 =	21.	7 x 3 =
22.	7 x 7 =	23.	2 x 7 =	24.	9 x 7 =
25.	5 x 7 =	26.	7 x 10 =	27.	7 x 4 =
28.	8 x 7 =	29.	3 x 7 =	30.	2 x 7 =
31.	6 x 7 =	32.	4 x 7 =	33.	9 x 7 =
34.	7 x 6 =	35.	7 x 7 =	36.	7 x 2 =
37.	7 x 9 =	38.	7 x 5 =	39.	10 x 7 =
40.	4 x 7 =	41.	7 x 8 =	42.	3 x 7 =
43.	7 x 2 =	44.	7 x 1 =	45.	7 x 5 =
46.	8 x 7 =	47.	7 x 7 =	48.	7 x 6 =
49.	7 x 3 =	50.	7 x 10 =	51.	0 x 7 =
52.	7 x 7 =	53.	9 x 7 =	54.	5 x 7 =
55.	7 x 6 =	56.	8 x 7 =	57.	7 x 4 =
58.	6 x 7 =	59.	2 x 7 =	60.	10 x 7 =

Name: ____________________ Score: / 60 Time: ________

Page 45 - Multiply 8's

1. 2 x 8 = 16 ✓	2. 5 x 8 = 40 ✓	3. 8 x 3 = 24 ✓
4. 8 x 8 = 64 ✓	5. 8 x 1 = 8 ✓	6. 7 x 8 = 56 ✓
7. 8 x 6 = 48 ✓	8. 10 x 8 = 80 ✓	9. 3 x 8 = 24 ✓
10. 5 x 8 = 40 ✓	11. 8 x 2 = 16 ✓	12. 8 x 4 = 32 ✓
13. 8 x 3 = 24 ✓	14. 8 x 8 = 64 ✓	15. 0 x 8 = 0 ✓
16. 7 x 8 = 56 ✓	17. 8 x 0 = 0 ✓	18. 9 x 8 = 72 ✓
19. 8 x 2 = 16 ✓	20. 3 x 8 = 24 ✓	21. 8 x 6 = 56 ✗ 48
22. 1 x 8 = 8 ✓	23. 4 x 8 = 32 ✓	24. 8 x 10 = 80 ✓
25. 8 x 6 = 48 ✓	26. 8 x 8 = 64 ✓	27. 8 x 7 = 56 ✓
28. 8 x 4 = 32 ✓	29. 9 x 8 = 72 ✓	30. 2 x 8 = 16 ✓
31. 5 x 8 = 40 ✓	32. 6 x 8 = 48 ✓	33. 8 x 0 = 0 ✓
34. 10 x 8 = 80 ✓	35. 8 x 7 = 56 ✓	36. 7 x 8 = 56 ✓
37. 8 x 3 = 24 ✓	38. 9 x 8 = 72 ✓	39. 2 x 8 = 16 ✓
40. 8 x 4 = 32 ✓	41. 8 x 8 = 64 ✓	42. 8 x 5 = 40 ✓
43. 8 x 6 = 48 ✓	44. 4 x 8 = 32 ✓	45. 8 x 1 = 8 ✓
46. 8 x 8 = 64 ✓	47. 8 x 7 = 56 ✓	48. 8 x 10 = 80 ✓
49. 2 x 8 = 16 ✓	50. 4 x 8 = 32 ✓	51. 8 x 9 = 72 ✓
52. 10 x 8 = 80 ✓	53. 0 x 8 = 0 ✓	54. 8 x 6 = 56 ✗
55. 8 x 5 = 40 ✓	56. 8 x 3 = 24 ✓	57. 8 x 8 = 64 ✓
58. 4 x 8 = 32 ✓	59. 8 x 10 = 80 ✓	60. 8 x 2 = 16 ✓

Name: ______________________ Score: / 60 Time: ______

Page 46 - Multiply 8's

1. 8 x 10 =	2. 8 x 1 =	3. 5 x 8 =
4. 8 x 7 =	5. 8 x 3 =	6. 8 x 2 =
7. 8 x 4 =	8. 8 x 6 =	9. 2 x 8 =
10. 9 x 8 =	11. 10 x 8 =	12. 7 x 8 =
13. 8 x 4 =	14. 2 x 8 =	15. 5 x 8 =
16. 8 x 3 =	17. 8 x 6 =	18. 1 x 8 =
19. 9 x 8 =	20. 8 x 2 =	21. 7 x 8 =
22. 8 x 10 =	23. 8 x 5 =	24. 8 x 8 =
25. 8 x 7 =	26. 8 x 2 =	27. 4 x 8 =
28. 6 x 8 =	29. 8 x 8 =	30. 3 x 8 =
31. 8 x 4 =	32. 2 x 8 =	33. 8 x 0 =
34. 8 x 2 =	35. 8 x 9 =	36. 8 x 5 =
37. 8 x 1 =	38. 8 x 4 =	39. 8 x 7 =
40. 6 x 8 =	41. 8 x 8 =	42. 10 x 8 =
43. 8 x 2 =	44. 5 x 8 =	45. 8 x 1 =
46. 8 x 3 =	47. 8 x 7 =	48. 8 x 2 =
49. 8 x 5 =	50. 4 x 8 =	51. 9 x 8 =
52. 8 x 8 =	53. 8 x 10 =	54. 7 x 8 =
55. 8 x 5 =	56. 8 x 6 =	57. 8 x 1 =
58. 2 x 8 =	59. 8 x 8 =	60. 8 x 4 =

Name: ______________________ Score: / 60 Time: ______

Page 47 - Multiply 8's

1. 8 x 2 =	2. 8 x 4 =	3. 8 x 1 =
4. 8 x 3 =	5. 8 x 8 =	6. 10 x 8 =
7. 9 x 8 =	8. 0 x 8 =	9. 8 x 5 =
10. 4 x 8 =	11. 7 x 8 =	12. 2 x 8 =
13. 8 x 3 =	14. 8 x 8 =	15. 8 x 6 =
16. 5 x 8 =	17. 8 x 7 =	18. 8 x 3 =
19. 1 x 8 =	20. 8 x 9 =	21. 8 x 4 =
22. 8 x 7 =	23. 6 x 8 =	24. 8 x 2 =
25. 8 x 10 =	26. 0 x 8 =	27. 8 x 5 =
28. 8 x 2 =	29. 9 x 8 =	30. 8 x 4 =
31. 8 x 8 =	32. 3 x 8 =	33. 8 x 6 =
34. 8 x 2 =	35. 7 x 8 =	36. 10 x 8 =
37. 8 x 5 =	38. 8 x 6 =	39. 1 x 8 =
40. 8 x 9 =	41. 8 x 3 =	42. 8 x 4 =
43. 8 x 2 =	44. 7 x 8 =	45. 5 x 8 =
46. 8 x 6 =	47. 8 x 9 =	48. 8 x 8 =
49. 4 x 8 =	50. 5 x 8 =	51. 8 x 7 =
52. 8 x 10 =	53. 9 x 8 =	54. 8 x 3 =
55. 8 x 0 =	56. 8 x 7 =	57. 5 x 8 =
58. 8 x 2 =	59. 6 x 8 =	60. 8 x 8 =

Name: ____________________ Score: / 60 Time: ______

Page 48 - Multiply 8's

1. 8 x 9 =
2. 8 x 2 =
3. 6 x 8 =
4. 10 x 8 =
5. 8 x 8 =
6. 8 x 7 =
7. 8 x 0 =
8. 5 x 8 =
9. 3 x 8 =
10. 2 x 8 =
11. 8 x 6 =
12. 9 x 8 =
13. 7 x 8 =
14. 4 x 8 =
15. 8 x 10 =
16. 8 x 5 =
17. 8 x 6 =
18. 8 x 8 =
19. 8 x 4 =
20. 8 x 3 =
21. 1 x 8 =
22. 10 x 8 =
23. 5 x 8 =
24. 7 x 8 =
25. 8 x 6 =
26. 8 x 9 =
27. 8 x 2 =
28. 8 x 7 =
29. 5 x 8 =
30. 8 x 8 =
31. 8 x 4 =
32. 8 x 1 =
33. 3 x 8 =
34. 8 x 7 =
35. 9 x 8 =
36. 8 x 0 =
37. 8 x 2 =
38. 4 x 8 =
39. 8 x 10 =
40. 8 x 8 =
41. 3 x 8 =
42. 6 x 8 =
43. 8 x 9 =
44. 8 x 5 =
45. 10 x 8 =
46. 2 x 8 =
47. 0 x 8 =
48. 8 x 4 =
49. 8 x 10 =
50. 8 x 5 =
51. 8 x 3 =
52. 8 x 4 =
53. 8 x 6 =
54. 1 x 8 =
55. 5 x 8 =
56. 7 x 8 =
57. 8 x 8 =
58. 8 x 6 =
59. 9 x 8 =
60. 8 x 2 =

Name: ______________________ Score: / 60 Time: ______

Page 49 - Multiply 8's

1. $8 \times 5 =$	2. $2 \times 8 =$	3. $6 \times 8 =$
4. $7 \times 8 =$	5. $4 \times 8 =$	6. $8 \times 5 =$
7. $10 \times 8 =$	8. $8 \times 9 =$	9. $8 \times 3 =$
10. $8 \times 6 =$	11. $7 \times 8 =$	12. $8 \times 0 =$
13. $2 \times 8 =$	14. $5 \times 8 =$	15. $9 \times 8 =$
16. $8 \times 3 =$	17. $8 \times 8 =$	18. $8 \times 4 =$
19. $8 \times 5 =$	20. $8 \times 7 =$	21. $8 \times 2 =$
22. $4 \times 8 =$	23. $10 \times 8 =$	24. $6 \times 8 =$
25. $7 \times 8 =$	26. $0 \times 8 =$	27. $8 \times 2 =$
28. $8 \times 8 =$	29. $3 \times 8 =$	30. $8 \times 10 =$
31. $8 \times 4 =$	32. $8 \times 9 =$	33. $8 \times 1 =$
34. $8 \times 7 =$	35. $3 \times 8 =$	36. $8 \times 4 =$
37. $2 \times 8 =$	38. $8 \times 6 =$	39. $8 \times 0 =$
40. $9 \times 8 =$	41. $4 \times 8 =$	42. $8 \times 3 =$
43. $10 \times 8 =$	44. $5 \times 8 =$	45. $7 \times 8 =$
46. $8 \times 8 =$	47. $8 \times 3 =$	48. $9 \times 8 =$
49. $4 \times 8 =$	50. $8 \times 5 =$	51. $8 \times 2 =$
52. $3 \times 8 =$	53. $6 \times 8 =$	54. $8 \times 8 =$
55. $8 \times 4 =$	56. $8 \times 10 =$	57. $8 \times 7 =$
58. $8 \times 2 =$	59. $8 \times 5 =$	60. $8 \times 1 =$

Name: ______________________ Score: / 60 Time: ________

Page 50 - Multiply 8's

1. **4 x 8 =**	2. **10 x 8 =**	3. **8 x 7 =**
4. **5 x 8 =**	5. **8 x 8 =**	6. **8 x 2 =**
7. **8 x 6 =**	8. **8 x 1 =**	9. **8 x 3 =**
10. **8 x 4 =**	11. **7 x 8 =**	12. **6 x 8 =**
13. **8 x 10 =**	14. **8 x 5 =**	15. **8 x 2 =**
16. **6 x 8 =**	17. **3 x 8 =**	18. **8 x 4 =**
19. **2 x 8 =**	20. **8 x 8 =**	21. **9 x 8 =**
22. **8 x 5 =**	23. **8 x 3 =**	24. **6 x 8 =**
25. **4 x 8 =**	26. **7 x 8 =**	27. **10 x 8 =**
28. **8 x 6 =**	29. **1 x 8 =**	30. **8 x 4 =**
31. **2 x 8 =**	32. **5 x 8 =**	33. **8 x 9 =**
34. **8 x 8 =**	35. **6 x 8 =**	36. **8 x 3 =**
37. **8 x 2 =**	38. **8 x 7 =**	39. **0 x 8 =**
40. **9 x 8 =**	41. **10 x 8 =**	42. **6 x 8 =**
43. **8 x 7 =**	44. **7 x 8 =**	45. **5 x 8 =**
46. **4 x 8 =**	47. **8 x 8 =**	48. **8 x 6 =**
49. **9 x 8 =**	50. **8 x 1 =**	51. **2 x 8 =**
52. **3 x 8 =**	53. **8 x 0 =**	54. **8 x 5 =**
55. **8 x 10 =**	56. **6 x 8 =**	57. **8 x 9 =**
58. **8 x 7 =**	59. **8 x 4 =**	60. **8 x 8 =**

Name: ______________________ Score: / 60 Time: ______

Page 51 - Multiply 8's

1. 8 x 10 =
2. 5 x 8 =
3. 4 x 8 =
4. 8 x 8 =
5. 9 x 8 =
6. 8 x 6 =
7. 8 x 1 =
8. 8 x 3 =
9. 8 x 5 =
10. 2 x 8 =
11. 7 x 8 =
12. 10 x 8 =
13. 9 x 8 =
14. 8 x 4 =
15. 8 x 9 =
16. 6 x 8 =
17. 8 x 3 =
18. 8 x 8 =
19. 2 x 8 =
20. 8 x 7 =
21. 8 x 5 =
22. 3 x 8 =
23. 9 x 8 =
24. 0 x 8 =
25. 8 x 6 =
26. 5 x 8 =
27. 8 x 2 =
28. 7 x 8 =
29. 8 x 2 =
30. 8 x 10 =
31. 8 x 4 =
32. 8 x 8 =
33. 8 x 9 =
34. 7 x 8 =
35. 8 x 3 =
36. 8 x 2 =
37. 10 x 8 =
38. 6 x 8 =
39. 5 x 8 =
40. 4 x 8 =
41. 7 x 8 =
42. 8 x 0 =
43. 10 x 8 =
44. 9 x 8 =
45. 8 x 7 =
46. 6 x 8 =
47. 8 x 8 =
48. 4 x 8 =
49. 2 x 8 =
50. 8 x 7 =
51. 8 x 1 =
52. 8 x 10 =
53. 8 x 5 =
54. 3 x 8 =
55. 9 x 8 =
56. 8 x 8 =
57. 6 x 8 =
58. 8 x 4 =
59. 8 x 7 =
60. 5 x 8 =

Name: ______________________ Score: / 60 Time: ______

Page 52 - Multiply 9's

1. 3 x 9 =	2. 9 x 1 =	3. 10 x 9 =
4. 9 x 8 =	5. 9 x 4 =	6. 9 x 2 =
7. 5 x 9 =	8. 7 x 9 =	9. 9 x 9 =
10. 6 x 9 =	11. 9 x 10 =	12. 0 x 9 =
13. 9 x 6 =	14. 4 x 9 =	15. 3 x 9 =
16. 10 x 9 =	17. 2 x 9 =	18. 8 x 9 =
19. 7 x 9 =	20. 9 x 1 =	21. 5 x 9 =
22. 9 x 9 =	23. 9 x 7 =	24. 9 x 2 =
25. 10 x 9 =	26. 6 x 9 =	27. 9 x 9 =
28. 9 x 4 =	29. 9 x 5 =	30. 9 x 7 =
31. 9 x 6 =	32. 9 x 8 =	33. 9 x 3 =
34. 2 x 9 =	35. 9 x 5 =	36. 9 x 9 =
37. 9 x 10 =	38. 9 x 9 =	39. 9 x 6 =
40. 5 x 9 =	41. 7 x 9 =	42. 9 x 2 =
43. 9 x 8 =	44. 0 x 9 =	45. 4 x 9 =
46. 5 x 9 =	47. 9 x 3 =	48. 8 x 9 =
49. 9 x 8 =	50. 6 x 9 =	51. 9 x 7 =
52. 1 x 9 =	53. 9 x 9 =	54. 10 x 9 =
55. 0 x 9 =	56. 9 x 2 =	57. 8 x 9 =
58. 9 x 4 =	59. 9 x 6 =	60. 5 x 9 =

Name: ____________________ Score: / 60 Time: ________

Page 53 - Multiply 9's

1. 9 x 3 =
2. 2 x 9 =
3. 6 x 9 =
4. 10 x 9 =
5. 9 x 9 =
6. 5 x 9 =
7. 9 x 8 =
8. 1 x 9 =
9. 3 x 9 =
10. 9 x 2 =
11. 9 x 6 =
12. 9 x 4 =
13. 4 x 9 =
14. 8 x 9 =
15. 9 x 7 =
16. 9 x 6 =
17. 9 x 10 =
18. 9 x 3 =
19. 9 x 9 =
20. 9 x 4 =
21. 5 x 9 =
22. 9 x 1 =
23. 9 x 2 =
24. 5 x 9 =
25. 9 x 8 =
26. 3 x 9 =
27. 9 x 4 =
28. 9 x 6 =
29. 7 x 9 =
30. 9 x 5 =
31. 1 x 9 =
32. 2 x 9 =
33. 9 x 3 =
34. 4 x 9 =
35. 6 x 9 =
36. 9 x 9 =
37. 7 x 9 =
38. 9 x 10 =
39. 9 x 5 =
40. 9 x 3 =
41. 8 x 9 =
42. 6 x 9 =
43. 9 x 2 =
44. 9 x 7 =
45. 0 x 9 =
46. 10 x 9 =
47. 5 x 9 =
48. 9 x 4 =
49. 2 x 9 =
50. 9 x 9 =
51. 9 x 0 =
52. 6 x 9 =
53. 9 x 10 =
54. 7 x 9 =
55. 9 x 8 =
56. 3 x 9 =
57. 9 x 9 =
58. 9 x 4 =
59. 5 x 9 =
60. 2 x 9 =

Name: ______________________ Score: / 60 Time: _______

Page 54 - Multiply 9's

1. **10 x 9 =**	2. **9 x 9 =**	3. **3 x 9 =**
4. **0 x 9 =**	5. **2 x 9 =**	6. **5 x 9 =**
7. **9 x 6 =**	8. **9 x 1 =**	9. **8 x 9 =**
10. **9 x 9 =**	11. **9 x 4 =**	12. **6 x 9 =**
13. **2 x 9 =**	14. **10 x 9 =**	15. **9 x 3 =**
16. **9 x 5 =**	17. **9 x 6 =**	18. **9 x 7 =**
19. **3 x 9 =**	20. **9 x 2 =**	21. **4 x 9 =**
22. **8 x 9 =**	23. **9 x 5 =**	24. **6 x 9 =**
25. **4 x 9 =**	26. **9 x 1 =**	27. **9 x 9 =**
28. **2 x 9 =**	29. **5 x 9 =**	30. **9 x 7 =**
31. **6 x 9 =**	32. **9 x 10 =**	33. **9 x 3 =**
34. **9 x 4 =**	35. **9 x 5 =**	36. **3 x 9 =**
37. **9 x 7 =**	38. **0 x 9 =**	39. **9 x 2 =**
40. **10 x 9 =**	41. **4 x 9 =**	42. **9 x 3 =**
43. **1 x 9 =**	44. **9 x 6 =**	45. **9 x 8 =**
46. **3 x 9 =**	47. **5 x 9 =**	48. **9 x 4 =**
49. **0 x 9 =**	50. **9 x 9 =**	51. **7 x 9 =**
52. **8 x 9 =**	53. **9 x 5 =**	54. **9 x 2 =**
55. **9 x 6 =**	56. **9 x 4 =**	57. **9 x 1 =**
58. **10 x 9 =**	59. **3 x 9 =**	60. **9 x 9 =**

Name: ____________________ Score: / 60 Time: ______

Page 55 - Multiply 9's

1. **3 x 9 =**	2. **4 x 9 =**	3. **10 x 9 =**
4. **7 x 9 =**	5. **2 x 9 =**	6. **9 x 5 =**
7. **8 x 9 =**	8. **9 x 1 =**	9. **9 x 9 =**
10. **9 x 4 =**	11. **9 x 6 =**	12. **9 x 10 =**
13. **5 x 9 =**	14. **9 x 3 =**	15. **9 x 9 =**
16. **9 x 2 =**	17. **0 x 9 =**	18. **9 x 7 =**
19. **4 x 9 =**	20. **6 x 9 =**	21. **8 x 9 =**
22. **9 x 9 =**	23. **5 x 9 =**	24. **4 x 9 =**
25. **10 x 9 =**	26. **9 x 3 =**	27. **9 x 8 =**
28. **9 x 1 =**	29. **7 x 9 =**	30. **2 x 9 =**
31. **4 x 9 =**	32. **6 x 9 =**	33. **9 x 0 =**
34. **8 x 9 =**	35. **9 x 9 =**	36. **3 x 9 =**
37. **9 x 5 =**	38. **4 x 9 =**	39. **9 x 2 =**
40. **7 x 9 =**	41. **9 x 10 =**	42. **9 x 6 =**
43. **9 x 2 =**	44. **0 x 9 =**	45. **8 x 9 =**
46. **9 x 9 =**	47. **5 x 9 =**	48. **9 x 4 =**
49. **2 x 9 =**	50. **9 x 3 =**	51. **9 x 7 =**
52. **9 x 6 =**	53. **4 x 9 =**	54. **9 x 1 =**
55. **9 x 8 =**	56. **7 x 9 =**	57. **5 x 9 =**
58. **10 x 9 =**	59. **9 x 9 =**	60. **9 x 3 =**

Name: ______________________ Score: / 60 Time: ______

Page 56 - Multiply 9's

1. **10 x 9 =**	2. **3 x 9 =**	3. **5 x 9 =**
4. **9 x 9 =**	5. **7 x 9 =**	6. **9 x 1 =**
7. **4 x 9 =**	8. **9 x 8 =**	9. **9 x 4 =**
10. **2 x 9 =**	11. **9 x 5 =**	12. **6 x 9 =**
13. **9 x 3 =**	14. **8 x 9 =**	15. **7 x 9 =**
16. **6 x 9 =**	17. **9 x 9 =**	18. **4 x 9 =**
19. **9 x 7 =**	20. **9 x 10 =**	21. **2 x 9 =**
22. **9 x 3 =**	23. **9 x 5 =**	24. **9 x 1 =**
25. **9 x 4 =**	26. **6 x 9 =**	27. **3 x 9 =**
28. **5 x 9 =**	29. **9 x 2 =**	30. **8 x 9 =**
31. **10 x 9 =**	32. **9 x 4 =**	33. **9 x 3 =**
34. **6 x 9 =**	35. **0 x 9 =**	36. **9 x 9 =**
37. **5 x 9 =**	38. **9 x 7 =**	39. **8 x 9 =**
40. **4 x 9 =**	41. **9 x 10 =**	42. **2 x 9 =**
43. **9 x 3 =**	44. **9 x 8 =**	45. **5 x 9 =**
46. **6 x 9 =**	47. **7 x 9 =**	48. **4 x 9 =**
49. **2 x 9 =**	50. **3 x 9 =**	51. **10 x 9 =**
52. **9 x 0 =**	53. **9 x 9 =**	54. **9 x 7 =**
55. **1 x 9 =**	56. **8 x 9 =**	57. **9 x 3 =**
58. **9 x 4 =**	59. **10 x 9 =**	60. **5 x 9 =**

Name: ____________________ Score: / 60 Time: ________

Page 57 - Multiply 9's

1. **3 x 9 =**	2. **10 x 9 =**	3. **9 x 5 =**
4. **9 x 2 =**	5. **7 x 9 =**	6. **3 x 9 =**
7. **4 x 9 =**	8. **9 x 1 =**	9. **8 x 9 =**
10. **9 x 9 =**	11. **9 x 3 =**	12. **6 x 9 =**
13. **9 x 10 =**	14. **0 x 9 =**	15. **9 x 7 =**
16. **9 x 6 =**	17. **5 x 9 =**	18. **4 x 9 =**
19. **9 x 8 =**	20. **1 x 9 =**	21. **2 x 9 =**
22. **10 x 9 =**	23. **3 x 9 =**	24. **6 x 9 =**
25. **7 x 9 =**	26. **9 x 9 =**	27. **8 x 9 =**
28. **2 x 9 =**	29. **9 x 4 =**	30. **10 x 9 =**
31. **5 x 9 =**	32. **9 x 8 =**	33. **9 x 3 =**
34. **9 x 10 =**	35. **9 x 2 =**	36. **0 x 9 =**
37. **9 x 8 =**	38. **4 x 9 =**	39. **9 x 7 =**
40. **9 x 9 =**	41. **9 x 5 =**	42. **6 x 9 =**
43. **3 x 9 =**	44. **0 x 9 =**	45. **2 x 9 =**
46. **9 x 4 =**	47. **9 x 7 =**	48. **9 x 3 =**
49. **9 x 10 =**	50. **5 x 9 =**	51. **9 x 9 =**
52. **8 x 9 =**	53. **9 x 2 =**	54. **9 x 6 =**
55. **9 x 4 =**	56. **9 x 9 =**	57. **9 x 5 =**
58. **3 x 9 =**	59. **8 x 9 =**	60. **9 x 5 =**

Name: ____________________ Score: / 60 Time: ______

Page 58 - Multiply 9's

1. 9 x 4 =	2. 9 x 3 =	3. 9 x 5 =
4. 10 x 9 =	5. 7 x 9 =	6. 6 x 9 =
7. 9 x 5 =	8. 4 x 9 =	9. 8 x 9 =
10. 9 x 10 =	11. 1 x 9 =	12. 3 x 9 =
13. 5 x 9 =	14. 10 x 9 =	15. 9 x 1 =
16. 8 x 9 =	17. 9 x 6 =	18. 4 x 9 =
19. 2 x 9 =	20. 9 x 7 =	21. 5 x 9 =
22. 9 x 3 =	23. 8 x 9 =	24. 9 x 2 =
25. 9 x 5 =	26. 4 x 9 =	27. 5 x 9 =
28. 9 x 7 =	29. 9 x 2 =	30. 10 x 9 =
31. 9 x 9 =	32. 6 x 9 =	33. 8 x 9 =
34. 9 x 5 =	35. 9 x 9 =	36. 1 x 9 =
37. 9 x 8 =	38. 10 x 9 =	39. 3 x 9 =
40. 9 x 5 =	41. 9 x 4 =	42. 9 x 2 =
43. 9 x 1 =	44. 9 x 9 =	45. 9 x 7 =
46. 9 x 6 =	47. 0 x 9 =	48. 9 x 5 =
49. 4 x 9 =	50. 5 x 9 =	51. 9 x 8 =
52. 10 x 9 =	53. 9 x 3 =	54. 9 x 7 =
55. 0 x 9 =	56. 9 x 6 =	57. 9 x 4 =
58. 9 x 5 =	59. 8 x 9 =	60. 9 x 10 =

Name: ______________________ Score: / 60 Time: ________

Page 59 - Multiply 10's and 11's

1. 6 x 10 =	2. 11 x 1 =	3. 10 x 10 =
4. 11 x 5 =	5. 10 x 2 =	6. 8 x 10 =
7. 4 x 11 =	8. 10 x 1 =	9. 3 x 11 =
10. 2 x 11 =	11. 4 x 11 =	12. 9 x 10 =
13. 10 x 3 =	14. 2 x 10 =	15. 3 x 11 =
16. 8 x 11 =	17. 9 x 11 =	18. 0 x 10 =
19. 5 x 11 =	20. 11 x 10 =	21. 4 x 10 =
22. 11 x 9 =	23. 10 x 2 =	24. 3 x 10 =
25. 8 x 10 =	26. 5 x 10 =	27. 6 x 11 =
28. 2 x 11 =	29. 3 x 11 =	30. 4 x 10 =
31. 10 x 6 =	32. 2 x 10 =	33. 11 x 11 =
34. 7 x 11 =	35. 8 x 11 =	36. 10 x 3 =
37. 10 x 5 =	38. 9 x 11 =	39. 11 x 6 =
40. 4 x 11 =	41. 2 x 11 =	42. 7 x 10 =
43. 10 x 9 =	44. 11 x 0 =	45. 8 x 10 =
46. 4 x 10 =	47. 3 x 11 =	48. 9 x 11 =
49. 8 x 10 =	50. 11 x 10 =	51. 6 x 11 =
52. 6 x 10 =	53. 11 x 11 =	54. 10 x 5 =
55. 4 x 11 =	56. 3 x 10 =	57. 9 x 10 =
58. 5 x 11 =	59. 10 x 8 =	60. 10 x 11 =

Name: ______________________ Score: / 60 Time: ______

Page 60 - Multiply 10's and 11's

1. 3 x 10 =	2. 4 x 11 =	3. 6 x 10 =
4. 9 x 10 =	5. 5 x 10 =	6. 7 x 10 =
7. 2 x 10 =	8. 2 x 11 =	9. 8 x 10 =
10. 11 x 3 =	11. 5 x 11 =	12. 2 x 11 =
13. 11 x 7 =	14. 10 x 0 =	15. 11 x 11 =
16. 5 x 10 =	17. 10 x 3 =	18. 4 x 11 =
19. 8 x 11 =	20. 10 x 7 =	21. 11 x 5 =
22. 0 x 11 =	23. 10 x 8 =	24. 10 x 2 =
25. 2 x 11 =	26. 11 x 4 =	27. 6 x 10 =
28. 11 x 3 =	29. 5 x 10 =	30. 10 x 9 =
31. 8 x 10 =	32. 7 x 11 =	33. 11 x 8 =
34. 10 x 6 =	35. 10 x 11 =	36. 11 x 4 =
37. 10 x 2 =	38. 11 x 6 =	39. 2 x 10 =
40. 7 x 11 =	41. 8 x 10 =	42. 9 x 11 =
43. 10 x 11 =	44. 5 x 11 =	45. 2 x 11 =
46. 8 x 11 =	47. 10 x 7 =	48. 3 x 10 =
49. 10 x 5 =	50. 6 x 10 =	51. 4 x 11 =
52. 2 x 10 =	53. 3 x 11 =	54. 11 x 7 =
55. 6 x 11 =	56. 8 x 11 =	57. 5 x 11 =
58. 10 x 8 =	59. 11 x 9 =	60. 9 x 10 =

Name: ____________________ Score: / 60 Time: ________

Page 62 - Multiply 10's and 11's

1. 9 x 10 =	2. 10 x 5 =	3. 6 x 10 =
4. 8 x 11 =	5. 2 x 11 =	6. 11 x 6 =
7. 5 x 11 =	8. 11 x 11 =	9. 10 x 8 =
10. 10 x 11 =	11. 7 x 11 =	12. 4 x 10 =
13. 4 x 11 =	14. 10 x 10 =	15. 10 x 3 =
16. 2 x 10 =	17. 10 x 9 =	18. 10 x 7 =
19. 10 x 8 =	20. 11 x 11 =	21. 8 x 11 =
22. 11 x 6 =	23. 10 x 1 =	24. 5 x 11 =
25. 10 x 5 =	26. 9 x 10 =	27. 4 x 10 =
28. 3 x 11 =	29. 2 x 10 =	30. 11 x 11 =
31. 9 x 10 =	32. 0 x 11 =	33. 10 x 7 =
34. 10 x 10 =	35. 11 x 8 =	36. 6 x 10 =
37. 11 x 2 =	38. 7 x 10 =	39. 10 x 4 =
40. 9 x 11 =	41. 8 x 10 =	42. 9 x 10 =
43. 7 x 11 =	44. 10 x 3 =	45. 10 x 6 =
46. 5 x 10 =	47. 10 x 7 =	48. 10 x 2 =
49. 10 x 1 =	50. 10 x 4 =	51. 7 x 11 =
52. 9 x 10 =	53. 3 x 10 =	54. 11 x 11 =
55. 0 x 10 =	56. 8 x 11 =	57. 11 x 4 =
58. 10 x 10 =	59. 6 x 10 =	60. 8 x 10 =

Name: ______________________ Score: / 60 Time: ______

Page 61 - Multiply 10's and 11's

1. 10 x 2 = 20	2. 5 x 10 =	3. 10 x 10 =
4. 11 x 6 =	5. 8 x 10 =	6. 9 x 11 =
7. 11 x 8 =	8. 7 x 10 =	9. 4 x 10 =
10. 5 x 11 =	11. 6 x 10 =	12. 10 x 11 =
13. 4 x 10 =	14. 10 x 1 =	15. 11 x 9 =
16. 10 x 6 =	17. 11 x 11 =	18. 2 x 11 =
19. 11 x 1 =	20. 9 x 11 =	21. 7 x 10 =
22. 8 x 11 =	23. 3 x 11 =	24. 9 x 10 =
25. 11 x 5 =	26. 7 x 11 =	27. 11 x 10 =
28. 3 x 10 =	29. 10 x 5 =	30. 9 x 11 =
31. 11 x 4 =	32. 6 x 11 =	33. 4 x 11 =
34. 11 x 11 =	35. 5 x 10 =	36. 11 x 8 =
37. 11 x 6 =	38. 10 x 3 =	39. 9 x 10 =
40. 8 x 11 =	41. 11 x 0 =	42. 7 x 11 =
43. 11 x 10 =	44. 6 x 10 =	45. 11 x 9 =
46. 7 x 10 =	47. 11 x 11 =	48. 11 x 2 =
49. 1 x 10 =	50. 10 x 8 =	51. 10 x 0 =
52. 11 x 8 =	53. 3 x 10 =	54. 9 x 11 =
55. 10 x 7 =	56. 10 x 10 =	57. 4 x 11 =
58. 6 x 10 =	59. 11 x 3 =	60. 4 x 10 =

Name: ______________________ Score: / 60 Time: ________

Page 63 - Multiply 10's and 11's

1. 6 x 10 =	2. 11 x 5 =	3. 10 x 7 =
4. 3 x 11 =	5. 10 x 10 =	6. 4 x 10 =
7. 11 x 9 =	8. 10 x 8 =	9. 8 x 11 =
10. 11 x 4 =	11. 6 x 11 =	12. 2 x 11 =
13. 10 x 3 =	14. 5 x 11 =	15. 11 x 5 =
16. 7 x 11 =	17. 11 x 3 =	18. 5 x 10 =
19. 10 x 6 =	20. 9 x 11 =	21. 3 x 10 =
22. 4 x 11 =	23. 10 x 7 =	24. 7 x 11 =
25. 10 x 2 =	26. 10 x 1 =	27. 4 x 10 =
28. 8 x 10 =	29. 11 x 11 =	30. 11 x 4 =
31. 3 x 10 =	32. 9 x 11 =	33. 0 x 10 =
34. 2 x 10 =	35. 9 x 10 =	36. 10 x 10 =
37. 3 x 11 =	38. 7 x 10 =	39. 8 x 11 =
40. 11 x 11 =	41. 11 x 1 =	42. 4 x 10 =
43. 9 x 10 =	44. 10 x 3 =	45. 2 x 11 =
46. 8 x 11 =	47. 6 x 10 =	48. 10 x 10 =
49. 2 x 10 =	50. 10 x 11 =	51. 10 x 7 =
52. 3 x 11 =	53. 11 x 9 =	54. 4 x 10 =
55. 10 x 0 =	56. 11 x 7 =	57. 6 x 11 =
58. 10 x 11 =	59. 8 x 10 =	60. 11 x 11 =

Name: ______________________ Score: / 60 Time: ______

Page 64 - Multiply 10's and 11's

1. 9 x 10 =	2. 5 x 11 =	3. 10 x 7 =
4. 10 x 5 =	5. 11 x 6 =	6. 10 x 1 =
7. 11 x 11 =	8. 10 x 6 =	9. 10 x 9 =
10. 8 x 10 =	11. 5 x 10 =	12. 9 x 11 =
13. 11 x 7 =	14. 10 x 2 =	15. 11 x 6 =
16. 1 x 11 =	17. 11 x 4 =	18. 8 x 11 =
19. 6 x 11 =	20. 10 x 5 =	21. 11 x 3 =
22. 10 x 4 =	23. 10 x 1 =	24. 10 x 11 =
25. 2 x 11 =	26. 7 x 10 =	27. 11 x 7 =
28. 11 x 4 =	29. 10 x 8 =	30. 5 x 10 =
31. 3 x 10 =	32. 10 x 10 =	33. 6 x 10 =
34. 10 x 2 =	35. 8 x 11 =	36. 2 x 11 =
37. 10 x 4 =	38. 1 x 11 =	39. 7 x 10 =
40. 11 x 11 =	41. 11 x 3 =	42. 10 x 3 =
43. 7 x 11 =	44. 9 x 11 =	45. 0 x 10 =
46. 10 x 10 =	47. 10 x 11 =	48. 11 x 4 =
49. 10 x 6 =	50. 10 x 8 =	51. 11 x 9 =
52. 3 x 11 =	53. 9 x 10 =	54. 8 x 11 =
55. 11 x 6 =	56. 11 x 0 =	57. 10 x 7 =
58. 10 x 10 =	59. 11 x 4 =	60. 10 x 11 =

Name: ____________________ Score: / 60 Time: ______

Page 65 - Multiply 10's and 11's

1. 2 x 10 =	2. 11 x 3 =	3. 8 x 11 =
4. 11 x 6 =	5. 4 x 10 =	6. 9 x 10 =
7. 10 x 10 =	8. 5 x 10 =	9. 7 x 11 =
10. 11 x 11 =	11. 10 x 3 =	12. 11 x 9 =
13. 11 x 2 =	14. 4 x 11 =	15. 7 x 10 =
16. 11 x 8 =	17. 10 x 9 =	18. 4 x 10 =
19. 6 x 11 =	20. 5 x 10 =	21. 1 x 10 =
22. 9 x 10 =	23. 11 x 7 =	24. 10 x 8 =
25. 10 x 10 =	26. 10 x 3 =	27. 6 x 10 =
28. 11 x 1 =	29. 4 x 10 =	30. 11 x 5 =
31. 2 x 10 =	32. 10 x 10 =	33. 11 x 11 =
34. 3 x 11 =	35. 10 x 6 =	36. 10 x 9 =
37. 10 x 5 =	38. 11 x 6 =	39. 8 x 10 =
40. 11 x 3 =	41. 8 x 11 =	42. 10 x 7 =
43. 4 x 10 =	44. 10 x 3 =	45. 6 x 10 =
46. 7 x 11 =	47. 11 x 6 =	48. 9 x 10 =
49. 11 x 5 =	50. 8 x 11 =	51. 11 x 4 =
52. 10 x 3 =	53. 10 x 10 =	54. 5 x 10 =
55. 8 x 10 =	56. 9 x 11 =	57. 2 x 10 =
58. 10 x 6 =	59. 10 x 11 =	60. 4 x 11 =

Name: ______________________ Score: / 60 Time: ________

Page 66 - Multiply 12's

1. 5 x 12 =
2. 2 x 12 =
3. 4 x 12 =
4. 12 x 10 =
5. 0 x 12 =
6. 12 x 7 =
7. 12 x 6 =
8. 8 x 12 =
9. 12 x 3 =
10. 12 x 1 =
11. 12 x 9 =
12. 2 x 12 =
13. 7 x 12 =
14. 12 x 5 =
15. 6 x 12 =
16. 12 x 2 =
17. 8 x 12 =
18. 12 x 4 =
19. 10 x 12 =
20. 3 x 12 =
21. 2 x 12 =
22. 7 x 12 =
23. 12 x 8 =
24. 12 x 10 =
25. 12 x 6 =
26. 9 x 12 =
27. 12 x 2 =
28. 3 x 12 =
29. 11 x 12 =
30. 4 x 12 =
31. 1 x 12 =
32. 5 x 12 =
33. 6 x 12 =
34. 12 x 7 =
35. 12 x 4 =
36. 12 x 8 =
37. 12 x 1 =
38. 9 x 12 =
39. 2 x 12 =
40. 8 x 12 =
41. 12 x 3 =
42. 0 x 12 =
43. 12 x 5 =
44. 4 x 12 =
45. 12 x 10 =
46. 12 x 9 =
47. 12 x 1 =
48. 12 x 2 =
49. 12 x 0 =
50. 12 x 8 =
51. 3 x 12 =
52. 12 x 2 =
53. 12 x 11 =
54. 7 x 12 =
55. 9 x 12 =
56. 4 x 12 =
57. 5 x 12 =
58. 12 x 1 =
59. 12 x 6 =
60. 10 x 12 =

Name: ____________________ Score: / 60 Time: ________

Page 67 - Multiply 12's

1. 3 x 12 =	2. 6 x 12 =	3. 12 x 4 =
4. 12 x 7 =	5. 2 x 12 =	6. 10 x 12 =
7. 12 x 1 =	8. 5 x 12 =	9. 12 x 8 =
10. 0 x 12 =	11. 12 x 3 =	12. 9 x 12 =
13. 4 x 12 =	14. 8 x 12 =	15. 2 x 12 =
16. 10 x 12 =	17. 12 x 9 =	18. 7 x 12 =
19. 6 x 12 =	20. 1 x 12 =	21. 12 x 5 =
22. 12 x 8 =	23. 3 x 12 =	24. 12 x 2 =
25. 12 x 5 =	26. 12 x 1 =	27. 12 x 6 =
28. 12 x 2 =	29. 12 x 7 =	30. 12 x 4 =
31. 9 x 12 =	32. 5 x 12 =	33. 8 x 12 =
34. 3 x 12 =	35. 12 x 6 =	36. 12 x 10 =
37. 12 x 5 =	38. 12 x 2 =	39. 7 x 12 =
40. 4 x 12 =	41. 12 x 1 =	42. 12 x 3 =
43. 6 x 12 =	44. 12 x 8 =	45. 12 x 10 =
46. 12 x 5 =	47. 7 x 12 =	48. 12 x 2 =
49. 8 x 12 =	50. 10 x 12 =	51. 1 x 12 =
52. 12 x 3 =	53. 12 x 9 =	54. 12 x 4 =
55. 12 x 7 =	56. 2 x 12 =	57. 8 x 12 =
58. 9 x 12 =	59. 12 x 6 =	60. 5 x 12 =

Name: ______________________ Score: / 60 Time: ________

Page 68 - Multiply 12's

1.	**10 x 12 =**	2.	**12 x 4 =**	3.	**12 x 12 =**
4.	**12 x 7 =**	5.	**12 x 1 =**	6.	**12 x 6 =**
7.	**3 x 12 =**	8.	**12 x 5 =**	9.	**12 x 12 =**
10.	**12 x 9 =**	11.	**12 x 2 =**	12.	**4 x 12 =**
13.	**12 x 5 =**	14.	**12 x 10 =**	15.	**12 x 8 =**
16.	**6 x 12 =**	17.	**12 x 3 =**	18.	**11 x 12 =**
19.	**2 x 12 =**	20.	**12 x 9 =**	21.	**5 x 12 =**
22.	**12 x 4 =**	23.	**12 x 7 =**	24.	**0 x 12 =**
25.	**12 x 5 =**	26.	**8 x 12 =**	27.	**12 x 12 =**
28.	**9 x 12 =**	29.	**1 x 12 =**	30.	**3 x 12 =**
31.	**7 x 12 =**	32.	**12 x 2 =**	33.	**10 x 12 =**
34.	**2 x 12 =**	35.	**4 x 12 =**	36.	**6 x 12 =**
37.	**12 x 8 =**	38.	**5 x 12 =**	39.	**12 x 0 =**
40.	**12 x 1 =**	41.	**12 x 12 =**	42.	**12 x 3 =**
43.	**12 x 10 =**	44.	**12 x 5 =**	45.	**12 x 8 =**
46.	**4 x 12 =**	47.	**12 x 6 =**	48.	**12 x 2 =**
49.	**12 x 7 =**	50.	**12 x 11 =**	51.	**12 x 4 =**
52.	**12 x 5 =**	53.	**2 x 12 =**	54.	**12 x 1 =**
55.	**3 x 12 =**	56.	**8 x 12 =**	57.	**10 x 12 =**
58.	**12 x 0 =**	59.	**6 x 12 =**	60.	**7 x 12 =**

Name: ____________________ Score: / 60 Time: ________

Page 69 - Multiply 12's

1. $12 \times 12 =$	2. $10 \times 12 =$	3. $12 \times 5 =$
4. $6 \times 12 =$	5. $2 \times 12 =$	6. $7 \times 12 =$
7. $9 \times 12 =$	8. $12 \times 10 =$	9. $12 \times 11 =$
10. $5 \times 12 =$	11. $12 \times 1 =$	12. $2 \times 12 =$
13. $8 \times 12 =$	14. $12 \times 12 =$	15. $3 \times 12 =$
16. $12 \times 7 =$	17. $10 \times 12 =$	18. $12 \times 6 =$
19. $12 \times 2 =$	20. $12 \times 4 =$	21. $8 \times 12 =$
22. $12 \times 9 =$	23. $12 \times 2 =$	24. $11 \times 12 =$
25. $12 \times 5 =$	26. $1 \times 12 =$	27. $12 \times 7 =$
28. $12 \times 10 =$	29. $12 \times 3 =$	30. $6 \times 12 =$
31. $4 \times 12 =$	32. $7 \times 12 =$	33. $5 \times 12 =$
34. $12 \times 0 =$	35. $12 \times 12 =$	36. $9 \times 12 =$
37. $3 \times 12 =$	38. $12 \times 8 =$	39. $12 \times 11 =$
40. $7 \times 12 =$	41. $10 \times 12 =$	42. $12 \times 4 =$
43. $12 \times 3 =$	44. $12 \times 2 =$	45. $9 \times 12 =$
46. $12 \times 6 =$	47. $8 \times 12 =$	48. $12 \times 1 =$
49. $12 \times 11 =$	50. $4 \times 12 =$	51. $12 \times 3 =$
52. $12 \times 9 =$	53. $12 \times 5 =$	54. $12 \times 12 =$
55. $2 \times 12 =$	56. $0 \times 12 =$	57. $12 \times 7 =$
58. $12 \times 4 =$	59. $11 \times 12 =$	60. $3 \times 12 =$

Name: ____________________ Score: / 60 Time: ______

Page 70 - Multiply 12's

1. 12 x 2 =	2. 12 x 9 =	3. 10 x 12 =
4. 12 x 5 =	5. 3 x 12 =	6. 12 x 3 =
7. 1 x 12 =	8. 12 x 12 =	9. 12 x 6 =
10. 12 x 11 =	11. 4 x 12 =	12. 12 x 7 =
13. 12 x 2 =	14. 5 x 12 =	15. 12 x 10 =
16. 12 x 8 =	17. 12 x 12 =	18. 12 x 3 =
19. 2 x 12 =	20. 9 x 12 =	21. 12 x 11 =
22. 12 x 4 =	23. 10 x 12 =	24. 6 x 12 =
25. 11 x 12 =	26. 12 x 1 =	27. 7 x 12 =
28. 3 x 12 =	29. 8 x 12 =	30. 12 x 5 =
31. 12 x 12 =	32. 12 x 2 =	33. 4 x 12 =
34. 12 x 7 =	35. 5 x 12 =	36. 12 x 6 =
37. 12 x 9 =	38. 12 x 11 =	39. 12 x 3 =
40. 7 x 12 =	41. 8 x 12 =	42. 10 x 12 =
43. 5 x 12 =	44. 1 x 12 =	45. 12 x 4 =
46. 6 x 12 =	47. 2 x 12 =	48. 12 x 12 =
49. 12 x 3 =	50. 7 x 12 =	51. 9 x 12 =
52. 12 x 10 =	53. 12 x 8 =	54. 11 x 12 =
55. 3 x 12 =	56. 9 x 12 =	57. 12 x 6 =
58. 12 x 1 =	59. 12 x 12 =	60. 12 x 5 =

Name: ______________________ Score: / 60 Time: ______

Page 71 - Multiply 12's

1. **4 x 12 =**	2. **5 x 12 =**	3. **8 x 12 =**
4. **12 x 6 =**	5. **12 x 2 =**	6. **12 x 1 =**
7. **10 x 12 =**	8. **12 x 8 =**	9. **12 x 3 =**
10. **7 x 12 =**	11. **0 x 12 =**	12. **11 x 12 =**
13. **9 x 12 =**	14. **12 x 4 =**	15. **12 x 12 =**
16. **12 x 10 =**	17. **3 x 12 =**	18. **12 x 9 =**
19. **12 x 5 =**	20. **1 x 12 =**	21. **12 x 2 =**
22. **12 x 11 =**	23. **6 x 12 =**	24. **7 x 12 =**
25. **10 x 12 =**	26. **8 x 12 =**	27. **4 x 12 =**
28. **12 x 3 =**	29. **9 x 12 =**	30. **0 x 12 =**
31. **12 x 12 =**	32. **12 x 5 =**	33. **12 x 7 =**
34. **2 x 12 =**	35. **12 x 1 =**	36. **11 x 12 =**
37. **12 x 4 =**	38. **12 x 3 =**	39. **12 x 8 =**
40. **12 x 5 =**	41. **12 x 6 =**	42. **12 x 9 =**
43. **12 x 7 =**	44. **12 x 12 =**	45. **3 x 12 =**
46. **12 x 11 =**	47. **5 x 12 =**	48. **12 x 2 =**
49. **12 x 10 =**	50. **12 x 0 =**	51. **9 x 12 =**
52. **6 x 12 =**	53. **7 x 12 =**	54. **4 x 12 =**
55. **8 x 12 =**	56. **12 x 12 =**	57. **12 x 2 =**
58. **11 x 12 =**	59. **12 x 3 =**	60. **12 x 5 =**

Name: ______________________ Score: / 60 Time: _______

Page 74 – Mixed Times Tables

1. 2 x 9 =
2. 6 x 8 =
3. 5 x 10 =
4. 3 x 7 =
5. 6 x 5 =
6. 7 x 8 =
7. 11 x 4 =
8. 12 x 12 =
9. 9 x 2 =
10. 9 x 9 =
11. 4 x 8 =
12. 5 x 3 =
13. 11 x 11 =
14. 7 x 6 =
15. 3 x 8 =
16. 5 x 7 =
17. 10 x 10 =
18. 2 x 2 =
19. 2 x 3 =
20. 9 x 5 =
21. 12 x 8 =
22. 6 x 4 =
23. 8 x 9 =
24. 4 x 7 =
25. 3 x 10 =
26. 7 x 12 =
27. 11 x 2 =
28. 8 x 11 =
29. 3 x 3 =
30. 4 x 5 =
31. 6 x 5 =
32. 2 x 12 =
33. 7 x 9 =
34. 11 x 3 =
35. 10 x 2 =
36. 5 x 8 =
37. 9 x 7 =
38. 12 x 11 =
39. 5 x 5 =
40. 4 x 7 =
41. 8 x 2 =
42. 6 x 12 =
43. 7 x 12 =
44. 4 x 4 =
45. 11 x 5 =
46. 12 x 4 =
47. 3 x 9 =
48. 12 x 6 =
49. 2 x 8 =
50. 6 x 3 =
51. 5 x 11 =
52. 8 x 2 =
53. 5 x 7 =
54. 4 x 12 =
55. 2 x 9 =
56. 9 x 9 =
57. 8 x 10 =
58. 6 x 7 =
59. 6 x 6 =
60. 11 x 4 =

Name: ______________________ Score: / 60 Time: ________

Page 77 – Mixed Times Tables

1. 8 x 2 =	2. 4 x 12 =	3. 5 x 5 =
4. 9 x 3 =	5. 10 x 10 =	6. 2 x 7 =
7. 4 x 6 =	8. 12 x 2 =	9. 8 x 2 =
10. 7 x 9 =	11. 3 x 9 =	12. 6 x 2 =
13. 5 x 12 =	14. 8 x 4 =	15. 8 x 8 =
16. 5 x 3 =	17. 10 x 6 =	18. 12 x 12 =
19. 8 x 2 =	20. 7 x 8 =	21. 2 x 6 =
22. 6 x 9 =	23. 11 x 3 =	24. 5 x 8 =
25. 7 x 11 =	26. 4 x 11 =	27. 9 x 2 =
28. 12 x 10 =	29. 11 x 11 =	30. 3 x 5 =
31. 4 x 12 =	32. 6 x 3 =	33. 10 x 3 =
34. 11 x 7 =	35. 8 x 7 =	36. 3 x 3 =
37. 10 x 8 =	38. 9 x 5 =	39. 7 x 3 =
40. 2 x 3 =	41. 6 x 9 =	42. 5 x 12 =
43. 7 x 2 =	44. 12 x 11 =	45. 3 x 10 =
46. 10 x 4 =	47. 6 x 6 =	48. 11 x 8 =
49. 9 x 8 =	50. 4 x 7 =	51. 8 x 12 =
52. 3 x 4 =	53. 10 x 2 =	54. 7 x 5 =
55. 11 x 4 =	56. 2 x 2 =	57. 5 x 11 =
58. 8 x 9 =	59. 6 x 4 =	60. 12 x 3 =

Name: ____________________ Score: / 60 Time: ______

Page 78 – Mixed Times Tables

1. 6 x 8 =	2. 9 x 2 =	3. 3 x 12 =
4. 11 x 6 =	5. 5 x 4 =	6. 7 x 4 =
7. 2 x 12 =	8. 3 x 6 =	9. 8 x 9 =
10. 6 x 7 =	11. 4 x 3 =	12. 11 x 2 =
13. 10 x 8 =	14. 6 x 9 =	15. 3 x 6 =
16. 5 x 2 =	17. 8 x 10 =	18. 6 x 8 =
19. 4 x 8 =	20. 9 x 7 =	21. 6 x 11 =
22. 7 x 5 =	23. 10 x 3 =	24. 4 x 4 =
25. 9 x 7 =	26. 11 x 3 =	27. 2 x 5 =
28. 3 x 7 =	29. 8 x 8 =	30. 9 x 2 =
31. 9 x 5 =	32. 4 x 5 =	33. 5 x 12 =
34. 3 x 3 =	35. 2 x 8 =	36. 11 x 11 =
37. 4 x 10 =	38. 12 x 12 =	39. 7 x 6 =
40. 6 x 4 =	41. 6 x 12 =	42. 3 x 4 =
43. 9 x 2 =	44. 5 x 3 =	45. 11 x 12 =
46. 8 x 9 =	47. 9 x 9 =	48. 4 x 8 =
49. 7 x 12 =	50. 3 x 2 =	51. 6 x 6 =
52. 5 x 6 =	53. 10 x 7 =	54. 2 x 9 =
55. 12 x 12 =	56. 8 x 3 =	57. 10 x 10 =
58. 9 x 12 =	59. 4 x 6 =	60. 5 x 9 =

Name: ______________________ Score: / 60 Time: _______

Page 79 – Mixed Times Tables

1.	10 x 3 =	2.	6 x 2 =	3.	12 x 5 =
4.	4 x 2 =	5.	5 x 6 =	6.	7 x 6 =
7.	11 x 5 =	8.	9 x 4 =	9.	8 x 7 =
10.	12 x 11 =	11.	10 x 10 =	12.	4 x 8 =
13.	8 x 3 =	14.	12 x 9 =	15.	11 x 6 =
16.	5 x 3 =	17.	7 x 4 =	18.	12 x 3 =
19.	9 x 3 =	20.	6 x 4 =	21.	3 x 11 =
22.	7 x 7 =	23.	2 x 8 =	24.	3 x 4 =
25.	10 x 7 =	26.	11 x 12 =	27.	7 x 9 =
28.	3 x 3 =	29.	4 x 7 =	30.	6 x 12 =
31.	3 x 7 =	32.	8 x 5 =	33.	9 x 7 =
34.	2 x 11 =	35.	5 x 6 =	36.	8 x 2 =
37.	12 x 12 =	38.	3 x 3 =	39.	10 x 11 =
40.	6 x 6 =	41.	7 x 3 =	42.	3 x 2 =
43.	5 x 11 =	44.	4 x 12 =	45.	10 x 4 =
46.	6 x 8 =	47.	9 x 4 =	48.	5 x 5 =
49.	3 x 6 =	50.	11 x 7 =	51.	8 x 10 =
52.	2 x 8 =	53.	12 x 6 =	54.	4 x 5 =
55.	7 x 2 =	56.	3 x 12 =	57.	6 x 9 =
58.	8 x 9 =	59.	5 x 10 =	60.	9 x 2 =

Name: ______________________ Score: / 60 Time: ______

Page 80 – Mixed Times Tables

1.	8 x 4 =	2.	2 x 7 =	3.	12 x 10 =
4.	9 x 7 =	5.	3 x 6 =	6.	10 x 2 =
7.	5 x 3 =	8.	6 x 4 =	9.	3 x 3 =
10.	9 x 2 =	11.	8 x 6 =	12.	12 x 12 =
13.	7 x 7 =	14.	10 x 8 =	15.	4 x 5 =
16.	12 x 9 =	17.	11 x 2 =	18.	9 x 3 =
19.	2 x 12 =	20.	3 x 7 =	21.	5 x 9 =
22.	6 x 6 =	23.	7 x 6 =	24.	10 x 4 =
25.	5 x 11 =	26.	4 x 3 =	27.	8 x 10 =
28.	6 x 7 =	29.	12 x 3 =	30.	2 x 6 =
31.	9 x 6 =	32.	3 x 12 =	33.	4 x 8 =
34.	11 x 6 =	35.	5 x 9 =	36.	6 x 4 =
37.	2 x 2 =	38.	10 x 7 =	39.	6 x 5 =
40.	4 x 9 =	41.	5 x 5 =	42.	8 x 12 =
43.	2 x 3 =	44.	7 x 5 =	45.	7 x 7 =
46.	12 x 2 =	47.	4 x 12 =	48.	5 x 5 =
49.	10 x 4 =	50.	8 x 8 =	51.	12 x 11 =
52.	5 x 8 =	53.	3 x 11 =	54.	9 x 4 =
55.	7 x 3 =	56.	6 x 12 =	57.	8 x 8 =
58.	5 x 12 =	59.	11 x 9 =	60.	10 x 3 =

Name: ____________________ Score: / 60 Time: ________

Page 81 – Mixed Times Tables

1. 3 x 3 =	2. 8 x 4 =	3. 9 x 6 =
4. 11 x 12 =	5. 2 x 5 =	6. 6 x 7 =
7. 7 x 4 =	8. 10 x 6 =	9. 12 x 3 =
10. 4 x 2 =	11. 6 x 12 =	12. 8 x 2 =
13. 3 x 5 =	14. 7 x 12 =	15. 5 x 6 =
16. 9 x 8 =	17. 11 x 9 =	18. 2 x 6 =
19. 7 x 3 =	20. 4 x 10 =	21. 8 x 9 =
22. 11 x 4 =	23. 3 x 4 =	24. 7 x 6 =
25. 8 x 12 =	26. 6 x 9 =	27. 5 x 3 =
28. 4 x 6 =	29. 10 x 10 =	30. 4 x 12 =
31. 5 x 8 =	32. 6 x 9 =	33. 7 x 7 =
34. 3 x 9 =	35. 10 x 6 =	36. 8 x 11 =
37. 12 x 11 =	38. 2 x 4 =	39. 3 x 6 =
40. 8 x 8 =	41. 11 x 6 =	42. 9 x 3 =
43. 5 x 5 =	44. 12 x 12 =	45. 3 x 7 =
46. 6 x 5 =	47. 4 x 4 =	48. 10 x 12 =
49. 2 x 9 =	50. 7 x 8 =	51. 11 x 12 =
52. 5 x 12 =	53. 6 x 3 =	54. 11 x 10 =
55. 9 x 7 =	56. 3 x 11 =	57. 12 x 7 =
58. 4 x 3 =	59. 8 x 6 =	60. 5 x 10 =

Name: ______________________ Score: / 60 Time: ______

Page 82 – Mixed Times Tables

1. 3 x 9 =	2. 7 x 7 =	3. 11 x 2 =
4. 12 x 12 =	5. 4 x 8 =	6. 10 x 3 =
7. 5 x 8 =	8. 2 x 5 =	9. 6 x 7 =
10. 3 x 7 =	11. 11 x 12 =	12. 9 x 8 =
13. 10 x 2 =	14. 12 x 12 =	15. 5 x 5 =
16. 3 x 9 =	17. 7 x 5 =	18. 8 x 12 =
19. 5 x 5 =	20. 2 x 3 =	21. 11 x 11 =
22. 4 x 7 =	23. 9 x 3 =	24. 8 x 2 =
25. 12 x 3 =	26. 5 x 7 =	27. 6 x 8 =
28. 6 x 4 =	29. 11 x 10 =	30. 12 x 7 =
31. 3 x 6 =	32. 8 x 3 =	33. 5 x 11 =
34. 3 x 8 =	35. 9 x 7 =	36. 4 x 12 =
37. 7 x 8 =	38. 2 x 2 =	39. 9 x 3 =
40. 10 x 12 =	41. 6 x 2 =	42. 5 x 9 =
43. 9 x 6 =	44. 7 x 6 =	45. 3 x 5 =
46. 4 x 11 =	47. 8 x 6 =	48. 11 x 9 =
49. 12 x 4 =	50. 7 x 2 =	51. 6 x 10 =
52. 8 x 8 =	53. 11 x 6 =	54. 10 x 11 =
55. 7 x 3 =	56. 9 x 9 =	57. 4 x 4 =
58. 12 x 5 =	59. 3 x 2 =	60. 8 x 7 =

Name: ____________________ Score: / 60 Time: ________

Page 83 – Mixed Times Tables

1. 7 x 6 =	2. 9 x 9 =	3. 10 x 5 =
4. 6 x 8 =	5. 2 x 2 =	6. 8 x 9 =
7. 5 x 6 =	8. 4 x 4 =	9. 3 x 11 =
10. 8 x 7 =	11. 12 x 12 =	12. 6 x 9 =
13. 3 x 6 =	14. 5 x 10 =	15. 11 x 4 =
16. 8 x 4 =	17. 10 x 2 =	18. 7 x 7 =
19. 12 x 11 =	20. 3 x 8 =	21. 11 x 4 =
22. 4 x 6 =	23. 9 x 10 =	24. 12 x 8 =
25. 7 x 9 =	26. 6 x 12 =	27. 11 x 7 =
28. 4 x 3 =	29. 2 x 9 =	30. 11 x 11 =
31. 3 x 11 =	32. 6 x 7 =	33. 8 x 3 =
34. 5 x 4 =	35. 10 x 6 =	36. 12 x 9 =
37. 2 x 7 =	38. 6 x 3 =	39. 11 x 11 =
40. 9 x 5 =	41. 8 x 6 =	42. 7 x 12 =
43. 12 x 10 =	44. 10 x 8 =	45. 11 x 9 =
46. 8 x 5 =	47. 3 x 4 =	48. 2 x 11 =
49. 4 x 10 =	50. 6 x 8 =	51. 6 x 6 =
52. 7 x 8 =	53. 11 x 8 =	54. 9 x 12 =
55. 3 x 3 =	56. 5 x 6 =	57. 2 x 12 =
58. 12 x 12 =	59. 4 x 9 =	60. 11 x 9 =

Name: ______________________ Score: / 60 Time: ______

Page 84 – Mixed Times Tables

1.	11 x 7 =	2.	9 x 2 =	3.	7 x 6 =
4.	12 x 8 =	5.	3 x 5 =	6.	5 x 3 =
7.	6 x 4 =	8.	4 x 12 =	9.	10 x 2 =
10.	11 x 12 =	11.	2 x 2 =	12.	9 x 7 =
13.	8 x 6 =	14.	11 x 4 =	15.	12 x 6 =
16.	10 x 9 =	17.	6 x 11 =	18.	3 x 8 =
19.	7 x 8 =	20.	5 x 11 =	21.	2 x 9 =
22.	8 x 12 =	23.	4 x 10 =	24.	6 x 7 =
25.	9 x 8 =	26.	5 x 7 =	27.	7 x 4 =
28.	4 x 3 =	29.	11 x 10 =	30.	2 x 5 =
31.	12 x 9 =	32.	3 x 4 =	33.	11 x 8 =
34.	6 x 9 =	35.	5 x 5 =	36.	3 x 3 =
37.	8 x 8 =	38.	4 x 7 =	39.	12 x 12 =
40.	9 x 9 =	41.	4 x 3 =	42.	7 x 6 =
43.	8 x 4 =	44.	6 x 10 =	45.	3 x 6 =
46.	11 x 3 =	47.	2 x 4 =	48.	4 x 7 =
49.	12 x 11 =	50.	2 x 6 =	51.	9 x 9 =
52.	8 x 4 =	53.	7 x 10 =	54.	4 x 6 =
55.	6 x 3 =	56.	5 x 4 =	57.	8 x 5 =
58.	10 x 12 =	59.	11 x 11 =	60.	5 x 12 =

Name: ____________________ Score: / 60 Time: ________

Page 85 – Mixed Times Tables

1. 4 x 8 =	2. 12 x 12 =	3. 5 x 2 =
4. 9 x 9 =	5. 6 x 3 =	6. 7 x 4 =
7. 12 x 6 =	8. 5 x 9 =	9. 8 x 6 =
10. 2 x 2 =	11. 3 x 4 =	12. 11 x 2 =
13. 7 x 8 =	14. 10 x 3 =	15. 9 x 2 =
16. 6 x 5 =	17. 4 x 4 =	18. 11 x 11 =
19. 3 x 9 =	20. 9 x 5 =	21. 6 x 7 =
22. 4 x 7 =	23. 12 x 8 =	24. 6 x 12 =
25. 5 x 5 =	26. 2 x 11 =	27. 9 x 4 =
28. 10 x 12 =	29. 3 x 2 =	30. 11 x 12 =
31. 6 x 9 =	32. 8 x 4 =	33. 2 x 10 =
34. 6 x 7 =	35. 3 x 10 =	36. 4 x 6 =
37. 7 x 7 =	38. 9 x 11 =	39. 11 x 2 =
40. 12 x 6 =	41. 8 x 7 =	42. 5 x 12 =
43. 4 x 3 =	44. 2 x 5 =	45. 6 x 9 =
46. 11 x 6 =	47. 6 x 10 =	48. 12 x 12 =
49. 3 x 10 =	50. 7 x 8 =	51. 12 x 9 =
52. 8 x 5 =	53. 9 x 12 =	54. 7 x 3 =
55. 4 x 12 =	56. 3 x 11 =	57. 8 x 8 =
58. 8 x 3 =	59. 12 x 7 =	60. 6 x 6 =

Name: ____________________ Score: / 60 Time: ______

Page 86 – Mixed Times Tables

1.	6 x 6 =	2.	4 x 9 =	3.	8 x 5 =
4.	3 x 2 =	5.	7 x 11 =	6.	9 x 10 =
7.	6 x 8 =	8.	12 x 12 =	9.	4 x 2 =
10.	11 x 6 =	11.	10 x 5 =	12.	8 x 3 =
13.	3 x 3 =	14.	6 x 9 =	15.	10 x 6 =
16.	3 x 12 =	17.	5 x 9 =	18.	12 x 2 =
19.	4 x 5 =	20.	9 x 8 =	21.	7 x 10 =
22.	8 x 3 =	23.	11 x 11 =	24.	5 x 6 =
25.	12 x 11 =	26.	9 x 5 =	27.	4 x 7 =
28.	8 x 8 =	29.	2 x 2 =	30.	6 x 5 =
31.	10 x 8 =	32.	6 x 12 =	33.	11 x 3 =
34.	9 x 9 =	35.	6 x 7 =	36.	3 x 7 =
37.	8 x 2 =	38.	12 x 9 =	39.	7 x 6 =
40.	9 x 4 =	41.	2 x 12 =	42.	10 x 4 =
43.	6 x 3 =	44.	11 x 12 =	45.	8 x 9 =
46.	5 x 2 =	47.	8 x 7 =	48.	6 x 3 =
49.	2 x 9 =	50.	4 x 11 =	51.	5 x 8 =
52.	3 x 8 =	53.	12 x 4 =	54.	6 x 7 =
55.	6 x 9 =	56.	5 x 5 =	57.	9 x 2 =
58.	7 x 3 =	59.	12 x 4 =	60.	4 x 4 =

Name: ______________________ Score: / 60 Time: ______

Page 87 – Mixed Times Tables

1. **5 x 2 =**	2. **7 x 3 =**	3. **4 x 3 =**
4. **12 x 12 =**	5. **8 x 5 =**	6. **10 x 2 =**
7. **6 x 2 =**	8. **3 x 3 =**	9. **7 x 4 =**
10. **9 x 6 =**	11. **5 x 6 =**	12. **2 x 2 =**
13. **3 x 7 =**	14. **2 x 6 =**	15. **8 x 8 =**
16. **4 x 8 =**	17. **9 x 3 =**	18. **12 x 11 =**
19. **10 x 6 =**	20. **3 x 5 =**	21. **6 x 4 =**
22. **2 x 3 =**	23. **4 x 9 =**	24. **6 x 6 =**
25. **9 x 11 =**	26. **5 x 8 =**	27. **7 x 6 =**
28. **5 x 5 =**	29. **8 x 3 =**	30. **12 x 6 =**
31. **2 x 7 =**	32. **6 x 3 =**	33. **3 x 11 =**
34. **6 x 9 =**	35. **11 x 1 =**	36. **8 x 10 =**
37. **7 x 7 =**	38. **9 x 12 =**	39. **3 x 3 =**
40. **10 x 3 =**	41. **7 x 6 =**	42. **8 x 2 =**
43. **4 x 11 =**	44. **8 x 6 =**	45. **5 x 12 =**
46. **9 x 9 =**	47. **10 x 4 =**	48. **3 x 7 =**
49. **9 x 7 =**	50. **8 x 11 =**	51. **2 x 5 =**
52. **6 x 5 =**	53. **9 x 2 =**	54. **7 x 12 =**
55. **2 x 11 =**	56. **4 x 4 =**	57. **10 x 11 =**
58. **5 x 7 =**	59. **12 x 4 =**	60. **9 x 5 =**

Name: ____________________ Score: / 60 Time: ______

Page 88 – Mixed Times Tables

1. 12 x 10 =	2. 4 x 5 =	3. 8 x 2 =
4. 7 x 8 =	5. 6 x 7 =	6. 3 x 2 =
7. 5 x 6 =	8. 11 x 4 =	9. 4 x 4 =
10. 8 x 6 =	11. 10 x 2 =	12. 9 x 11 =
13. 4 x 6 =	14. 3 x 8 =	15. 6 x 6 =
16. 12 x 12 =	17. 5 x 7 =	18. 2 x 11 =
19. 9 x 9 =	20. 7 x 7 =	21. 4 x 8 =
22. 5 x 9 =	23. 10 x 8 =	24. 3 x 7 =
25. 4 x 7 =	26. 8 x 5 =	27. 2 x 9 =
28. 7 x 3 =	29. 6 x 9 =	30. 12 x 9 =
31. 2 x 3 =	32. 11 x 6 =	33. 9 x 8 =
34. 3 x 9 =	35. 4 x 10 =	36. 8 x 7 =
37. 12 x 3 =	38. 11 x 11 =	39. 5 x 3 =
40. 11 x 10 =	41. 6 x 5 =	42. 7 x 10 =
43. 2 x 4 =	44. 6 x 7 =	45. 4 x 9 =
46. 8 x 8 =	47. 3 x 10 =	48. 7 x 11 =
49. 5 x 7 =	50. 9 x 3 =	51. 12 x 6 =
52. 6 x 11 =	53. 5 x 4 =	54. 10 x 6 =
55. 7 x 7 =	56. 11 x 12 =	57. 8 x 9 =
58. 3 x 11 =	59. 12 x 2 =	60. 9 x 10 =

Name: ______________________ Score: / 60 Time: ________

Page 89 – Mixed Times Tables

1.	**11 x 8 =**	2.	**9 x 2 =**	3.	**5 x 6 =**
4.	**3 x 3 =**	5.	**7 x 10 =**	6.	**6 x 3 =**
7.	**8 x 9 =**	8.	**5 x 5 =**	9.	**2 x 8 =**
10.	**7 x 12 =**	11.	**3 x 7 =**	12.	**4 x 4 =**
13.	**6 x 9 =**	14.	**11 x 2 =**	15.	**9 x 7 =**
16.	**2 x 6 =**	17.	**8 x 4 =**	18.	**7 x 3 =**
19.	**5 x 8 =**	20.	**9 x 3 =**	21.	**6 x 8 =**
22.	**10 x 10 =**	23.	**2 x 10 =**	24.	**8 x 8 =**
25.	**11 x 7 =**	26.	**3 x 8 =**	27.	**5 x 2 =**
28.	**6 x 10 =**	29.	**7 x 6 =**	30.	**4 x 11 =**
31.	**3 x 9 =**	32.	**9 x 5 =**	33.	**8 x 3 =**
34.	**4 x 6 =**	35.	**8 x 12 =**	36.	**2 x 3 =**
37.	**9 x 4 =**	38.	**11 x 11 =**	39.	**5 x 8 =**
40.	**7 x 2 =**	41.	**3 x 7 =**	42.	**4 x 8 =**
43.	**9 x 4 =**	44.	**6 x 12 =**	45.	**3 x 10 =**
46.	**11 x 3 =**	47.	**4 x 9 =**	48.	**6 x 12 =**
49.	**2 x 6 =**	50.	**10 x 5 =**	51.	**7 x 11 =**
52.	**6 x 9 =**	53.	**12 x 12 =**	54.	**4 x 8 =**
55.	**9 x 9 =**	56.	**9 x 10 =**	57.	**6 x 6 =**
58.	**8 x 3 =**	59.	**3 x 7 =**	60.	**11 x 12 =**

Name: ____________________ Score: / 60 Time: ________

Page 90 – Mixed Times Tables

1.	8 x 2 =	2.	7 x 6 =	3.	5 x 3 =
4.	3 x 4 =	5.	5 x 5 =	6.	9 x 12 =
7.	2 x 3 =	8.	8 x 4 =	9.	10 x 11 =
10.	6 x 7 =	11.	12 x 3 =	12.	4 x 8 =
13.	5 x 7 =	14.	9 x 9 =	15.	4 x 6 =
16.	11 x 9 =	17.	3 x 12 =	18.	7 x 2 =
19.	11 x 6 =	20.	4 x 5 =	21.	12 x 2 =
22.	8 x 3 =	23.	6 x 6 =	24.	9 x 6 =
25.	2 x 2 =	26.	10 x 12 =	27.	5 x 9 =
28.	7 x 9 =	29.	3 x 6 =	30.	8 x 8 =
31.	11 x 3 =	32.	5 x 4 =	33.	8 x 12 =
34.	4 x 4 =	35.	5 x 7 =	36.	2 x 9 =
37.	12 x 12 =	38.	7 x 10 =	39.	3 x 8 =
40.	10 x 9 =	41.	4 x 8 =	42.	12 x 11 =
43.	9 x 3 =	44.	7 x 8 =	45.	5 x 12 =
46.	4 x 4 =	47.	10 x 6 =	48.	7 x 9 =
49.	8 x 8 =	50.	10 x 10 =	51.	3 x 11 =
52.	11 x 12 =	53.	7 x 2 =	54.	6 x 9 =
55.	2 x 5 =	56.	4 x 11 =	57.	8 x 5 =
58.	9 x 11 =	59.	9 x 9 =	60.	3 x 12 =

Name: ______________________________ Score: / 60 Time: ________

Page 91 – Mixed Times Tables

1. 10 x 2 =
2. 8 x 4 =
3. 6 x 6 =
4. 3 x 2 =
5. 5 x 9 =
6. 4 x 12 =
7. 9 x 3 =
8. 3 x 2 =
9. 11 x 11 =
10. 4 x 8 =
11. 6 x 9 =
12. 8 x 5 =
13. 9 x 9 =
14. 10 x 6 =
15. 9 x 4 =
16. 5 x 8 =
17. 3 x 9 =
18. 7 x 4 =
19. 11 x 10 =
20. 9 x 7 =
21. 3 x 7 =
22. 2 x 2 =
23. 4 x 9 =
24. 5 x 10 =
25. 7 x 6 =
26. 3 x 4 =
27. 12 x 11 =
28. 3 x 5 =
29. 6 x 4 =
30. 7 x 7 =
31. 4 x 12 =
32. 2 x 6 =
33. 9 x 8 =
34. 4 x 3 =
35. 11 x 9 =
36. 7 x 3 =
37. 10 x 5 =
38. 3 x 6 =
39. 8 x 8 =
40. 11 x 5 =
41. 4 x 3 =
42. 8 x 9 =
43. 6 x 10 =
44. 6 x 6 =
45. 9 x 12 =
46. 2 x 3 =
47. 9 x 2 =
48. 5 x 12 =
49. 3 x 8 =
50. 4 x 4 =
51. 2 x 2 =
52. 7 x 8 =
53. 7 x 11 =
54. 10 x 10 =
55. 8 x 3 =
56. 4 x 2 =
57. 3 x 9 =
58. 11 x 2 =
59. 5 x 3 =
60. 6 x 12 =

Name: ____________________ Score: / 60 Time: ______

Page 92 – Mixed Times Tables

1. 5 x 5 =	2. 9 x 5 =	3. 6 x 7 =
4. 11 x 6 =	5. 8 x 2 =	6. 4 x 6 =
7. 10 x 3 =	8. 7 x 8 =	9. 4 x 4 =
10. 6 x 3 =	11. 8 x 2 =	12. 9 x 11 =
13. 3 x 9 =	14. 5 x 4 =	15. 12 x 12 =
16. 2 x 11 =	17. 4 x 7 =	18. 10 x 12 =
19. 4 x 9 =	20. 3 x 4 =	21. 6 x 8 =
22. 7 x 12 =	23. 8 x 5 =	24. 11 x 5 =
25. 7 x 5 =	26. 10 x 4 =	27. 6 x 6 =
28. 12 x 3 =	29. 2 x 6 =	30. 7 x 7 =
31. 8 x 11 =	32. 12 x 10 =	33. 9 x 6 =
34. 12 x 4 =	35. 5 x 3 =	36. 6 x 11 =
37. 3 x 6 =	38. 4 x 8 =	39. 11 x 3 =
40. 9 x 3 =	41. 6 x 9 =	42. 9 x 9 =
43. 8 x 6 =	44. 12 x 11 =	45. 3 x 3 =
46. 9 x 2 =	47. 11 x 7 =	48. 8 x 8 =
49. 7 x 3 =	50. 2 x 5 =	51. 10 x 10 =
52. 2 x 2 =	53. 5 x 12 =	54. 9 x 2 =
55. 12 x 3 =	56. 8 x 9 =	57. 3 x 7 =
58. 9 x 3 =	59. 11 x 8 =	60. 6 x 10 =

Name: ______________________ Score: / 60 Time: ______

Page 93 – Mixed Times Tables

1.	11 x 12 =	2.	5 x 8 =	3.	8 x 2 =
4.	4 x 8 =	5.	6 x 3 =	6.	10 x 10 =
7.	12 x 2 =	8.	7 x 9 =	9.	3 x 3 =
10.	9 x 11 =	11.	2 x 2 =	12.	4 x 7 =
13.	3 x 9 =	14.	11 x 4 =	15.	3 x 6 =
16.	7 x 7 =	17.	9 x 12 =	18.	8 x 6 =
19.	5 x 3 =	20.	5 x 5 =	21.	2 x 4 =
22.	3 x 8 =	23.	10 x 2 =	24.	9 x 6 =
25.	6 x 9 =	26.	4 x 5 =	27.	11 x 7 =
28.	12 x 12 =	29.	3 x 9 =	30.	9 x 2 =
31.	8 x 8 =	32.	5 x 10 =	33.	7 x 6 =
34.	10 x 11 =	35.	6 x 2 =	36.	3 x 5 =
37.	7 x 7 =	38.	2 x 4 =	39.	8 x 9 =
40.	11 x 3 =	41.	3 x 3 =	42.	12 x 11 =
43.	9 x 9 =	44.	6 x 12 =	45.	4 x 9 =
46.	3 x 8 =	47.	2 x 6 =	48.	5 x 7 =
49.	7 x 2 =	50.	4 x 4 =	51.	2 x 2 =
52.	8 x 8 =	53.	10 x 12 =	54.	9 x 3 =
55.	12 x 11 =	56.	3 x 11 =	57.	11 x 6 =
58.	4 x 3 =	59.	6 x 4 =	60.	2 x 11 =

Name: ______________________ Score: / 60 Time: ________

Page 94 – Mixed Times Tables

1. 6 x 3 =	2. 7 x 2 =	3. 10 x 9 =
4. 11 x 4 =	5. 3 x 3 =	6. 8 x 9 =
7. 4 x 12 =	8. 7 x 5 =	9. 9 x 2 =
10. 10 x 3 =	11. 6 x 8 =	12. 12 x 2 =
13. 8 x 8 =	14. 11 x 6 =	15. 5 x 7 =
16. 8 x 11 =	17. 3 x 2 =	18. 9 x 9 =
19. 6 x 3 =	20. 9 x 9 =	21. 4 x 7 =
22. 6 x 7 =	23. 12 x 12 =	24. 3 x 11 =
25. 10 x 11 =	26. 9 x 3 =	27. 7 x 3 =
28. 9 x 12 =	29. 4 x 2 =	30. 8 x 7 =
31. 5 x 5 =	32. 8 x 3 =	33. 11 x 3 =
34. 9 x 4 =	35. 7 x 2 =	36. 6 x 10 =
37. 3 x 6 =	38. 5 x 9 =	39. 8 x 2 =
40. 7 x 4 =	41. 8 x 8 =	42. 11 x 12 =
43. 9 x 2 =	44. 10 x 8 =	45. 3 x 2 =
46. 12 x 6 =	47. 2 x 2 =	48. 8 x 4 =
49. 4 x 3 =	50. 6 x 9 =	51. 5 x 8 =
52. 3 x 12 =	53. 9 x 11 =	54. 7 x 10 =
55. 10 x 10 =	56. 4 x 4 =	57. 12 x 7 =
58. 8 x 5 =	59. 6 x 6 =	60. 11 x 2 =

Name: ______________________ Score: / 60 Time: ________

Page 95 – Mixed Times Tables

1.	**2 x 8 =**	2.	**6 x 12 =**	3.	**3 x 4 =**
4.	**9 x 7 =**	5.	**5 x 4 =**	6.	**7 x 7 =**
7.	**12 x 2 =**	8.	**4 x 4 =**	9.	**8 x 5 =**
10.	**7 x 8 =**	11.	**11 x 3 =**	12.	**3 x 5 =**
13.	**8 x 2 =**	14.	**9 x 9 =**	15.	**7 x 5 =**
16.	**6 x 3 =**	17.	**10 x 2 =**	18.	**8 x 7 =**
19.	**11 x 7 =**	20.	**5 x 7 =**	21.	**3 x 3 =**
22.	**4 x 6 =**	23.	**9 x 8 =**	24.	**2 x 4 =**
25.	**7 x 3 =**	26.	**12 x 7 =**	27.	**5 x 8 =**
28.	**3 x 9 =**	29.	**9 x 10 =**	30.	**4 x 12 =**
31.	**3 x 3 =**	32.	**6 x 6 =**	33.	**12 x 8 =**
34.	**11 x 5 =**	35.	**7 x 9 =**	36.	**6 x 2 =**
37.	**10 x 8 =**	38.	**8 x 6 =**	39.	**4 x 7 =**
40.	**2 x 9 =**	41.	**5 x 6 =**	42.	**4 x 11 =**
43.	**11 x 6 =**	44.	**10 x 9 =**	45.	**12 x 8 =**
46.	**7 x 2 =**	47.	**7 x 6 =**	48.	**3 x 9 =**
49.	**9 x 9 =**	50.	**11 x 11 =**	51.	**10 x 10 =**
52.	**12 x 11 =**	53.	**6 x 8 =**	54.	**8 x 4 =**
55.	**4 x 3 =**	56.	**12 x 12 =**	57.	**5 x 11 =**
58.	**9 x 12 =**	59.	**8 x 8 =**	60.	**11 x 2 =**

Name: ____________________ Score: / 60 Time: ______

Page 96 – Mixed Times Tables

1.	5 x 5 =	2.	8 x 9 =	3.	3 x 2 =
4.	9 x 5 =	5.	7 x 7 =	6.	4 x 12 =
7.	2 x 10 =	8.	5 x 6 =	9.	11 x 3 =
10.	6 x 8 =	11.	12 x 12 =	12.	3 x 9 =
13.	8 x 4 =	14.	7 x 12 =	15.	2 x 2 =
16.	9 x 9 =	17.	9 x 3 =	18.	6 x 9 =
19.	3 x 12 =	20.	12 x 11 =	21.	8 x 6 =
22.	12 x 4 =	23.	5 x 3 =	24.	9 x 5 =
25.	7 x 4 =	26.	4 x 8 =	27.	9 x 6 =
28.	12 x 7 =	29.	2 x 3 =	30.	3 x 11 =
31.	4 x 10 =	32.	3 x 3 =	33.	5 x 6 =
34.	9 x 8 =	35.	8 x 3 =	36.	6 x 2 =
37.	3 x 10 =	38.	11 x 9 =	39.	4 x 9 =
40.	5 x 8 =	41.	2 x 12 =	42.	8 x 5 =
43.	6 x 10 =	44.	9 x 2 =	45.	4 x 7 =
46.	3 x 9 =	47.	7 x 7 =	48.	12 x 7 =
49.	7 x 8 =	50.	8 x 10 =	51.	5 x 2 =
52.	4 x 6 =	53.	5 x 5 =	54.	2 x 9 =
55.	6 x 3 =	56.	9 x 11 =	57.	5 x 12 =
58.	8 x 7 =	59.	3 x 2 =	60.	11 x 7 =

Name: ______________________ Score: / 60 Time: ________

Page 97 – Mixed Times Tables

1. 6 x 3 =	2. 4 x 7 =	3. 11 x 2 =
4. 5 x 9 =	5. 8 x 6 =	6. 9 x 12 =
7. 7 x 8 =	8. 3 x 3 =	9. 10 x 7 =
10. 12 x 12 =	11. 6 x 8 =	12. 2 x 5 =
13. 7 x 7 =	14. 9 x 6 =	15. 5 x 10 =
16. 4 x 9 =	17. 3 x 6 =	18. 11 x 7 =
19. 5 x 5 =	20. 8 x 2 =	21. 10 x 12 =
22. 7 x 7 =	23. 5 x 8 =	24. 3 x 4 =
25. 11 x 9 =	26. 8 x 7 =	27. 12 x 8 =
28. 2 x 3 =	29. 9 x 6 =	30. 4 x 6 =
31. 3 x 9 =	32. 2 x 2 =	33. 7 x 12 =
34. 6 x 5 =	35. 8 x 7 =	36. 5 x 12 =
37. 4 x 10 =	38. 9 x 9 =	39. 6 x 7 =
40. 12 x 6 =	41. 9 x 2 =	42. 11 x 3 =
43. 10 x 8 =	44. 4 x 5 =	45. 6 x 9 =
46. 4 x 4 =	47. 7 x 12 =	48. 5 x 3 =
49. 11 x 10 =	50. 8 x 4 =	51. 2 x 7 =
52. 3 x 6 =	53. 7 x 6 =	54. 6 x 12 =
55. 9 x 11 =	56. 10 x 3 =	57. 12 x 11 =
58. 7 x 2 =	59. 4 x 4 =	60. 8 x 9 =

Name: ______________________ Score: / 60 Time: ______

Page 98 – Mixed Times Tables

1.	10 x 10 =	2.	3 x 8 =	3.	6 x 7 =
4.	9 x 6 =	5.	5 x 5 =	6.	8 x 2 =
7.	4 x 3 =	8.	12 x 11 =	9.	2 x 3 =
10.	7 x 9 =	11.	8 x 8 =	12.	11 x 2 =
13.	6 x 3 =	14.	4 x 8 =	15.	9 x 9 =
16.	5 x 11 =	17.	10 x 7 =	18.	4 x 9 =
19.	7 x 11 =	20.	6 x 4 =	21.	7 x 3 =
22.	5 x 6 =	23.	2 x 9 =	24.	8 x 12 =
25.	3 x 7 =	26.	6 x 2 =	27.	4 x 4 =
28.	10 x 5 =	29.	7 x 7 =	30.	11 x 9 =
31.	12 x 6 =	32.	9 x 8 =	33.	5 x 7 =
34.	7 x 12 =	35.	12 x 11 =	36.	3 x 6 =
37.	2 x 11 =	38.	4 x 7 =	39.	8 x 5 =
40.	10 x 3 =	41.	6 x 6 =	42.	12 x 12 =
43.	8 x 9 =	44.	7 x 3 =	45.	6 x 2 =
46.	3 x 8 =	47.	4 x 4 =	48.	9 x 3 =
49.	11 x 4 =	50.	6 x 12 =	51.	12 x 3 =
52.	5 x 4 =	53.	3 x 9 =	54.	8 x 8 =
55.	12 x 8 =	56.	7 x 9 =	57.	10 x 11 =
58.	11 x 11 =	59.	8 x 6 =	60.	3 x 3 =

Name: ______________________ Score: / 60 Time: ________

Page 99 – Mixed Times Tables

1. **9 x 2 =**
2. **4 x 6 =**
3. **5 x 5 =**
4. **12 x 3 =**
5. **8 x 7 =**
6. **2 x 3 =**
7. **6 x 9 =**
8. **3 x 11 =**
9. **7 x 7 =**
10. **10 x 9 =**
11. **2 x 2 =**
12. **11 x 12 =**
13. **3 x 8 =**
14. **9 x 7 =**
15. **2 x 2 =**
16. **5 x 4 =**
17. **6 x 3 =**
18. **7 x 7 =**
19. **12 x 12 =**
20. **8 x 6 =**
21. **4 x 8 =**
22. **3 x 3 =**
23. **10 x 12 =**
24. **7 x 6 =**
25. **11 x 3 =**
26. **5 x 12 =**
27. **2 x 7 =**
28. **6 x 10 =**
29. **7 x 8 =**
30. **9 x 5 =**
31. **11 x 2 =**
32. **8 x 9 =**
33. **6 x 3 =**
34. **4 x 7 =**
35. **3 x 9 =**
36. **12 x 7 =**
37. **7 x 2 =**
38. **8 x 8 =**
39. **5 x 2 =**
40. **6 x 6 =**
41. **2 x 9 =**
42. **11 x 6 =**
43. **9 x 11 =**
44. **4 x 8 =**
45. **5 x 9 =**
46. **10 x 7 =**
47. **6 x 12 =**
48. **3 x 5 =**
49. **7 x 11 =**
50. **4 x 3 =**
51. **8 x 2 =**
52. **2 x 10 =**
53. **8 x 6 =**
54. **9 x 4 =**
55. **12 x 8 =**
56. **7 x 6 =**
57. **9 x 8 =**
58. **7 x 12 =**
59. **4 x 4 =**
60. **10 x 10 =**

Name: ______________________ Score: / 60 Time: ______

Page 100 – Mixed Times Tables

1.	**2 x 2 =**	2.	**11 x 9 =**	3.	**6 x 7 =**
4.	**3 x 5 =**	5.	**8 x 3 =**	6.	**4 x 4 =**
7.	**7 x 12 =**	8.	**5 x 7 =**	9.	**8 x 2 =**
10.	**10 x 4 =**	11.	**9 x 6 =**	12.	**12 x 12 =**
13.	**6 x 8 =**	14.	**4 x 5 =**	15.	**11 x 3 =**
16.	**3 x 3 =**	17.	**2 x 7 =**	18.	**6 x 9 =**
19.	**5 x 8 =**	20.	**7 x 3 =**	21.	**4 x 9 =**
22.	**3 x 12 =**	23.	**8 x 8 =**	24.	**8 x 7 =**
25.	**9 x 2 =**	26.	**6 x 3 =**	27.	**10 x 10 =**
28.	**12 x 5 =**	29.	**6 x 6 =**	30.	**11 x 7 =**
31.	**7 x 6 =**	32.	**5 x 10 =**	33.	**8 x 7 =**
34.	**2 x 12 =**	35.	**12 x 11 =**	36.	**8 x 6 =**
37.	**5 x 3 =**	38.	**9 x 3 =**	39.	**12 x 6 =**
40.	**4 x 2 =**	41.	**8 x 8 =**	42.	**3 x 7 =**
43.	**5 x 5 =**	44.	**10 x 7 =**	45.	**11 x 11 =**
46.	**8 x 12 =**	47.	**9 x 9 =**	48.	**7 x 7 =**
49.	**10 x 3 =**	50.	**5 x 11 =**	51.	**2 x 6 =**
52.	**9 x 9 =**	53.	**3 x 4 =**	54.	**12 x 3 =**
55.	**11 x 8 =**	56.	**5 x 3 =**	57.	**8 x 9 =**
58.	**9 x 2 =**	59.	**6 x 4 =**	60.	**7 x 10 =**

Page 1
1. 0 2. 3 3. 2 4. 7 5. 0 6. 10
7. 6 8. 4 9. 4 10. 9 11. 0 12. 0
13. 0 14. 5 15. 5 16. 6 17. 3 18. 7
19. 10 20. 10 21. 0 22. 0 23. 8 24. 7
25. 0 26. 2 27. 0 28. 0 29. 3 30. 8
31. 9 32. 6 33. 0 34. 0 35. 0 36. 5
37. 10 38. 0 39. 0 40. 0 41. 3 42. 2
43. 8 44. 0 45. 7 46. 0 47. 0 48. 6
49. 0 50. 3 51. 0 52. 9 53. 0 54. 8
55. 6 56. 0 57. 0 58. 0 59. 0 60. 7

Page 2
1. 0 2. 5 3. 10 4. 0 5. 0 6. 6
7. 8 8. 2 9. 0 10. 0 11. 0 12. 4
13. 0 14. 4 15. 3 16. 5 17. 0 18. 0
19. 9 20. 10 21. 6 22. 4 23. 0 24. 0
25. 8 26. 4 27. 9 28. 1 29. 3 30. 0
31. 6 32. 0 33. 2 34. 10 35. 5 36. 0
37. 7 38. 9 39. 8 40. 8 41. 0 42. 0
43. 6 44. 3 45. 0 46. 0 47. 5 48. 7
49. 0 50. 6 51. 0 52. 5 53. 0 54. 9
55. 3 56. 7 57. 0 58. 4 59. 10 60. 0

Page 3
1. 4 2. 0 3. 20 4. 2 5. 16 6. 18
7. 6 8. 14 9. 10 10. 8 11. 12 12. 6
13. 20 14. 10 15. 6 16. 16 17. 20 18. 12
19. 14 20. 6 21. 12 22. 16 23. 8 24. 14
25. 6 26. 12 27. 18 28. 12 29. 16 30. 20
31. 2 32. 4 33. 14 34. 18 35. 10 36. 16
37. 18 38. 8 39. 20 40. 20 41. 18 42. 6
43. 10 44. 18 45. 8 46. 14 47. 6 48. 14
49. 4 50. 2 51. 16 52. 8 53. 14 54. 0
55. 18 56. 16 57. 12 58. 4 59. 20 60. 18

Page 4
1. 6 2. 12 3. 0 4. 16 5. 6 6. 14
7. 20 8. 8 9. 12 10. 18 11. 18 12. 16
13. 2 14. 10 15. 6 16. 2 17. 12 18. 18
19. 16 20. 4 21. 10 22. 18 23. 6 24. 14
25. 6 26. 0 27. 20 28. 16 29. 8 30. 0
31. 2 32. 12 33. 14 34. 8 35. 10 36. 12
37. 20 38. 4 39. 6 40. 16 41. 18 42. 2
43. 14 44. 6 45. 16 46. 12 47. 0 48. 12
49. 2 50. 18 51. 6 52. 4 53. 8 54. 20
55. 18 56. 2 57. 10 58. 0 59. 18 60. 2

Page 5
1. 10 2. 18 3. 16 4. 4 5. 14 6. 2
7. 6 8. 8 9. 6 10. 20 11. 12 12. 0
13. 14 14. 2 15. 8 16. 16 17. 18 18. 6
19. 12 20. 10 21. 6 22. 14 23. 16 24. 2
25. 6 26. 8 27. 20 28. 4 29. 18 30. 14
31. 12 32. 0 33. 0 34. 6 35. 14 36. 4
37. 10 38. 12 39. 20 40. 18 41. 2 42. 16
43. 6 44. 8 45. 4 46. 12 47. 6 48. 12
49. 0 50. 14 51. 20 52. 18 53. 16 54. 16
55. 10 56. 12 57. 2 58. 20 59. 8 60. 10

Page 6
1. 14 2. 16 3. 10 4. 20 5. 18 6. 6
7. 16 8. 8 9. 2 10. 4 11. 10 12. 14
13. 6 14. 12 15. 18 16. 10 17. 20 18. 4
19. 16 20. 14 21. 8 22. 2 23. 18 24. 20
25. 2 26. 10 27. 2 28. 6 29. 8 30. 20
31. 2 32. 20 33. 16 34. 14 35. 4 36. 6
37. 0 38. 18 39. 8 40. 20 41. 12 42. 10
43. 4 44. 18 45. 16 46. 16 47. 10 48. 0
49. 20 50. 14 51. 6 52. 12 53. 10 54. 8
55. 4 56. 18 57. 2 58. 2 59. 12 60. 6

Page 7
1. 6 2. 10 3. 12 4. 16 5. 8 6. 20
7. 18 8. 0 9. 2 10. 6 11. 16 12. 12
13. 2 14. 14 15. 8 16. 12 17. 10 18. 18
19. 8 20. 0 21. 20 22. 4 23. 12 24. 16
25. 18 26. 10 27. 2 28. 14 29. 20 30. 0
31. 12 32. 8 33. 6 34. 0 35. 14 36. 16
37. 2 38. 18 39. 12 40. 6 41. 16 42. 6
43. 12 44. 20 45. 10 46. 8 47. 0 48. 4
49. 14 50. 18 51. 0 52. 10 53. 12 54. 14
55. 2 56. 6 57. 12 58. 4 59. 20 60. 8

Page 8
1. 16 2. 6 3. 4 4. 8 5. 10 6. 8
7. 12 8. 20 9. 18 10. 8 11. 10 12. 12
13. 14 14. 20 15. 16 16. 6 17. 6 18. 8
19. 16 20. 12 21. 14 22. 0 23. 4 24. 0
25. 10 26. 16 27. 6 28. 20 29. 2 30. 10
31. 18 32. 6 33. 8 34. 10 35. 14 36. 20
37. 14 38. 2 39. 12 40. 4 41. 6 42. 18
43. 10 44. 8 45. 12 46. 16 47. 20 48. 6
49. 18 50.14 51. 4 52. 2 53. 20 54. 10
55. 20 56. 8 57. 16 58. 18 59. 4 60. 12

Page 9
1. 18 2. 6 3. 20 4. 8 5. 0 6. 10
7. 12 8. 4 9. 14 10. 2 11. 20 12. 16
13. 10 14. 18 15. 8 16. 14 17. 10 18. 20
19. 6 20. 12 21. 4 22. 20 23. 16 24. 2
25. 16 26. 8 27. 6 28. 20 29. 18 30. 14
31. 10 32. 12 33. 4 34. 14 35. 8 36. 18
37. 20 38. 16 39. 6 40. 2 41. 10 42. 12
43. 6 44. 14 45. 18 46. 10 47. 16 48. 8
49. 6 50. 20 51. 10 52. 4 53. 0 54. 14
55. 8 56. 12 57. 20 58. 14 59. 16 60. 18

Page 10
1. 9 2. 15 3. 21 4. 24 5. 6 6. 0
7. 12 8. 18 9. 18 10. 12 11. 30 12. 9
13. 27 14. 21 15. 3 16. 15 17. 24 18. 12
19. 18 20. 9 21. 30 22. 3 23. 27 24. 21
25. 6 26. 0 27. 15 28. 30 29. 6 30. 27
31. 18 32. 27 33. 18 34. 9 35. 24 36. 30
37. 12 38. 21 39. 6 40. 3 41. 12 42. 15
43. 27 44. 6 45. 0 46. 15 47. 18 48. 30
49. 9 50. 3 51. 27 52. 6 53. 24 54. 12
55. 24 56. 21 57. 18 58. 9 59. 30 60. 15

Page 11
1. 3 2. 9 3. 24 4. 15 5. 21 6. 15
7. 18 8. 24 9. 27 10. 6 11. 3 12. 18
13. 30 14. 0 15. 21 16. 9 17. 24 18. 12
19. 18 20. 6 21. 15 22. 3 23. 9 24. 27
25. 12 26. 21 27. 30 28. 3 29. 24 30. 6
31. 15 32. 21 33. 12 34. 30 35. 18 36. 9
37. 21 38. 30 39. 27 40. 15 41. 12 42. 3
43. 24 44. 27 45. 18 46. 0 47. 21 48. 30
49. 12 50. 6 51. 18 52. 27 53. 21 54. 18
55. 30 56. 6 57. 12 58. 3 59. 18 60. 9

Page 12
1. 6 2. 15 3. 21 4. 30 5. 12 6. 30
7. 27 8. 27 9. 3 10. 0 11. 21 12. 18
13. 15 14. 9 15. 30 16. 3 17. 12 18. 27
19. 18 20. 6 21. 24 22. 30 23. 21 24. 9
25. 27 26. 18 27. 15 28. 12 29. 24 30. 30
31. 30 32. 21 33. 9 34. 18 35. 15 36. 27
37. 6 38. 12 39. 15 40. 21 41. 24 42. 30
43. 18 44. 9 45. 0 46. 15 47. 3 48. 18
49. 18 50. 24 51. 6 52. 12 53. 21 54. 15
55. 9 56. 30 57. 3 58. 15 59. 18 60. 24

Page 13
1. 21 2. 9 3. 15 4. 3 5. 12 6. 24
7. 27 8. 15 9. 12 10. 30 11. 21 12. 3
13. 0 14. 27 15. 6 16. 18 17. 15 18. 24
19. 9 20. 6 21. 3 22. 12 23. 24 24. 18
25. 6 26. 15 27. 18 28. 27 29. 21 30. 0
31. 0 32. 30 33. 27 34. 24 35. 21 36. 6
37. 24 38. 15 39. 18 40. 21 41. 12 42. 30
43. 15 44. 6 45. 21 46. 30 47. 9 48. 21
49. 12 50. 18 51. 24 52. 0 53. 27 54. 30
55. 3 56. 6 57. 21 58. 18 59. 12 60. 24

Page 14
1. 15 2. 12 3. 18 4. 6 5. 9 6. 24
7. 3 8. 24 9. 6 10. 15 11. 6 12. 30
13. 27 14. 21 15. 15 16. 18 17. 30 18. 12
19. 18 20. 9 21. 15 22. 21 23. 27 24. 15
25. 30 26. 12 27. 24 28. 12 29. 18 30. 3
31. 24 32. 3 33. 21 34. 9 35. 30 36. 12
37. 27 38. 15 39. 27 40. 6 41. 21 42. 18
43. 12 44. 18 45. 15 46. 0 47. 12 48. 6
49. 21 50. 30 51. 0 52. 27 53. 21 54. 9
55. 15 56. 12 57. 18 58. 6 59. 30 60. 24

Page 15
1. 12 2. 6 3. 18 4. 15 5. 24 6. 27
7. 9 8. 0 9. 12 10. 21 11. 30 12. 18
13. 15 14. 6 15. 15 16. 27 17. 24 18. 0
19. 21 20. 30 21. 3 22. 24 23. 18 24. 6
25. 3 26. 9 27. 27 28. 30 29. 15 30. 21
31. 6 32. 12 33. 24 34. 27 35. 12 36. 15
37. 18 38. 3 39. 9 40. 0 41. 27 42. 15
43. 18 44. 12 45. 6 46. 21 47. 24 48. 15
49. 12 50. 6 51. 30 52. 9 53. 21 54. 18
55. 6 56. 15 57. 27 58. 18 59. 24 60. 12

Page 16
1. 6 2. 27 3. 3 4. 18 5. 12 6. 21
7. 0 8. 9 9. 24 10. 30 11. 15 12. 12
13. 6 14. 21 15. 30 16. 12 17. 24 18. 24
19. 27 20. 0 21. 12 22. 24 23. 15 24. 6
25. 27 26. 12 27. 30 28. 18 29. 3 30. 15
31. 9 32. 12 33. 21 34. 21 35. 15 36. 18
37. 12 38. 24 39. 27 40. 30 41. 6 42. 15
43. 12 44. 21 45. 27 46. 24 47. 18 48. 6
49. 15 50. 27 51. 9 52. 21 53. 18 54. 12
55. 9 56. 30 57. 24 58. 27 59. 12 60. 15

Page 17
1. 8 2. 12 3. 20 4. 40 5. 16 6. 40
7. 4 8. 28 9. 24 10. 36 11. 8 12. 32
13. 20 14. 4 15. 16 16. 40 17. 24 18. 12
19. 8 20. 12 21. 16 22. 28 23. 32 24. 36
25. 16 26. 24 27. 12 28. 8 29. 28 30. 20
31. 20 32. 12 33. 28 34. 4 35. 40 36. 24
37. 32 38. 36 39. 16 40. 20 41. 0 42. 24
43. 28 44. 28 45. 36 46. 12 47. 16 48. 8
49. 40 50. 36 51. 32 52. 24 53. 28 54. 0
55. 4 56. 20 57. 36 58. 16 59. 12 60. 24

Page 18
1. 8 2. 20 3. 16 4. 24 5. 40 6. 12
7. 36 8. 0 9. 28 10. 20 11. 32 12. 24
13. 12 14. 40 15. 4 16. 0 17. 36 18. 16
19. 20 20. 8 21. 24 22. 16 23. 12 24. 8
25. 40 26. 32 27. 12 28. 28 29. 20 30. 32
31. 0 32. 36 33. 8 34. 28 35. 16 36. 4
37. 8 38. 40 39. 20 40. 36 41. 28 42. 24
43. 36 44. 12 45. 40 46. 32 47. 16 48. 8
49. 24 50. 12 51. 20 52. 4 53. 36 54. 16
55. 28 56. 20 57. 12 58. 40 59. 8 60. 32

Page 19
1. 16 2. 12 3. 28 4. 24 5. 8 6. 20
7. 12 8. 16 9. 36 10. 0 11. 4 12. 24
13. 32 14. 20 15. 40 16. 12 17. 28 18. 0
19. 32 20. 36 21. 8 22. 24 23. 20 24. 12
25. 4 26. 28 27. 16 28. 40 29. 12 30. 32
31. 16 32. 36 33. 24 34. 20 35. 0 36. 20
37. 28 38. 20 39. 36 40. 8 41. 40 42. 32
43. 16 44. 8 45. 24 46. 28 47. 4 48. 16
49. 12 50. 36 51. 12 52. 28 53. 24 54. 4
55. 20 56. 8 57. 40 58. 16 59. 32 60. 28

Page 20
1. 32 2. 8 3. 28 4. 16 5. 40 6. 20
7. 4 8. 24 9. 36 10. 12 11. 32 12. 8
13. 20 14. 16 15. 12 16. 24 17. 32 18. 28
19. 40 20. 20 21. 36 22. 12 23. 16 24. 4
25. 8 26. 32 27. 36 28. 20 29. 24 30. 12
31. 12 32. 8 33. 4 34. 4 35. 24 36. 32
37. 16 38. 28 39. 28 40. 36 41. 40 42. 24
43. 32 44. 16 45. 0 46. 28 47. 24 48. 20
49. 12 50. 36 51. 8 52. 40 53. 0 54. 32
55. 24 56. 36 57. 16 58. 28 59. 12 60. 40

Page 21
1. 20 2. 12 3. 8 4. 36 5. 32 6. 36
7. 28 8. 20 9. 24 10. 12 11. 4 12. 40
13. 32 14. 24 15. 16 16. 8 17. 0 18. 12
19. 32 20. 28 21. 36 22. 12 23. 24 24. 16
25. 40 26. 36 27. 32 28. 20 29. 8 30. 32
31. 24 32. 24 33. 12 34. 16 35. 28 36. 28
37. 4 38. 40 39. 12 40. 8 41. 4 42. 40
43. 12 44. 8 45. 20 46. 32 47. 36 48. 28
49. 24 50. 12 51. 16 52. 28 53. 40 54. 24
55. 36 56. 32 57. 8 58. 12 59. 20 60. 24

Page 22
1. 8 2. 8 3. 16 4. 40 5. 28 6. 36
7. 20 8. 12 9. 4 10. 32 11. 0 12. 12
13. 36 14. 16 15. 24 16. 32 17. 4 18. 40
19. 28 20. 28 21. 16 22. 12 23. 20 24. 36
25. 24 26. 8 27. 32 28. 16 29. 4 30. 28
31. 40 32. 32 33. 16 34. 8 35. 12 36. 20
37. 28 38. 24 39. 28 40. 8 41. 0 42. 12
43. 32 44. 36 45. 40 46. 20 47. 16 48. 28
49. 28 50. 20 51. 40 52. 8 53. 24 54. 12
55. 28 56. 12 57. 20 58. 36 59. 40 60. 16

Page 23
1. 20 2. 8 3. 28 4. 32 5. 12 6. 24
7. 8 8. 20 9. 16 10. 40 11. 32 12. 36
13. 40 14. 16 15. 28 16. 24 17. 36 18. 32
19. 12 20. 24 21. 20 22. 16 23. 40 24. 4
25. 20 26. 8 27. 32 28. 16 29. 24 30. 28
31. 32 32. 12 33. 40 34. 24 35. 36 36. 20
37. 40 38. 28 39. 12 40. 16 41. 24 42. 32
43. 36 44. 8 45. 12 46. 28 47. 20 48. 40
49. 4 50. 24 51. 12 52. 28 53. 16 54. 32
55. 12 56. 0 57. 28 58. 8 59. 36 60. 20

Page 24
1. 10 2. 30 3. 25 4. 45 5. 20 6. 35
7. 40 8. 10 9. 5 10. 20 11. 15 12. 50
13. 30 14. 25 15. 0 16. 40 17. 30 18. 15
19. 10 20. 35 21. 45 22. 50 23. 40 24. 35
25. 15 26. 5 27. 30 28. 25 29. 45 30. 15
31. 35 32. 50 33. 10 34. 40 35. 20 36. 15
37. 10 38. 5 39. 40 40. 30 41. 20 42. 45
43. 0 44. 25 45. 35 46. 15 47. 40 48. 50
49. 5 50. 45 51. 20 52. 10 53. 50 54. 15
55. 50 56. 0 57. 25 58. 35 59. 30 60. 40

Page 25
1. 25 2. 40 3. 35 4. 50 5. 10 6. 15
7. 15 8. 45 9. 30 10. 20 11. 40 12. 15
13. 10 14. 25 15. 30 16. 5 17. 0 18. 45
19. 40 20. 50 21. 15 22. 35 23. 50 24. 25
25. 15 26. 30 27. 20 28. 45 29. 15 30. 25
31. 30 32. 40 33. 50 34. 40 35. 35 36. 50
37. 45 38. 10 39. 30 40. 20 41. 10 42. 35
43. 20 44. 45 45. 30 46. 15 47. 50 48. 40
49. 0 50. 25 51. 20 52. 45 53. 5 54. 15
55. 35 56. 50 57. 10 58. 25 59. 20 60. 30

Page 26
1. 15 2. 35 3. 50 4. 5 5. 10 6. 40
7. 20 8. 15 9. 30 10. 50 11. 25 12. 35
13. 45 14. 30 15. 10 16. 30 17. 40 18. 10
19. 45 20. 20 21. 15 22. 10 23. 5 24. 25
25. 50 26. 20 27. 45 28. 15 29. 30 30. 35
31. 25 32. 50 33. 5 34. 15 35. 20 36. 15
37. 35 38. 45 39. 40 40. 30 41. 10 42. 15
43. 40 44. 25 45. 35 46. 20 47. 40 48. 50
49. 15 50. 0 51. 25 52. 20 53. 30 54. 45
55. 35 56. 40 57. 20 58. 50 59. 15 60. 25

Page 27
1. 35 2. 5 3. 15 4. 25 5. 10 6. 30
7. 40 8. 20 9. 35 10. 20 11. 50 12. 45
13. 10 14. 25 15. 50 16. 20 17. 40 18. 0
19. 30 20. 45 21. 0 22. 15 23. 0 24. 50
25. 40 26. 30 27. 35 28. 20 29. 5 30. 20
31. 25 32. 30 33. 15 34. 40 35. 35 36. 45
37. 20 38. 50 39. 15 40. 10 41. 40 42. 45
43. 25 44. 20 45. 0 46. 35 47. 30 48. 15
49. 40 50. 10 51. 20 52. 50 53. 45 54. 25
55. 15 56. 0 57. 35 58. 30 59. 40 60. 10

Page 28
1. 10 2. 50 3. 45 4. 40 5. 20 6. 30
7. 15 8. 5 9. 35 10. 40 11. 15 12. 20
13. 45 14. 50 15. 25 16. 30 17. 35 18. 5
19. 10 20. 0 21. 15 22. 35 23. 40 24. 30
25. 10 26. 25 27. 45 28. 50 29. 35 30. 25
31. 10 32. 20 33. 40 34. 45 35. 15 36. 30
37. 25 38. 50 39. 30 40. 40 41. 25 42. 10
43. 35 44. 5 45. 50 46. 30 47. 45 48. 40
49. 20 50. 10 51. 10 52. 15 53. 35 54. 40
55. 0 56. 45 57. 35 58. 25 59. 50 60. 20

Page 29
1. 35 2. 35 3. 15 4. 25 5. 45 6. 40
7. 30 8. 50 9. 15 10. 50 11. 5 12. 10
13. 15 14. 20 15. 25 16. 45 17. 15 18. 10
19. 35 20. 40 21. 30 22. 50 23. 45 24. 25
25. 40 26. 35 27. 10 28. 20 29. 15 30. 15
31. 30 32. 45 33. 5 34. 50 35. 25 36. 35
37. 15 38. 5 39. 10 40. 40 41. 20 42. 30
43. 15 44. 0 45. 50 46. 0 47. 10 48. 30
49. 20 50. 45 51. 15 52. 35 53. 50 54. 0
55. 25 56. 30 57. 35 58. 45 59. 40 60. 20

Page 30
1. 25 2. 30 3. 40 4. 50 5. 5 6. 20
7. 35 8. 15 9. 10 10. 40 11. 50 12. 35
13. 10 14. 0 15. 45 16. 40 17. 25 18. 30
19. 20 20. 15 21. 10 22. 30 23. 35 24. 50
25. 20 26. 0 27. 40 28. 30 29. 10 30. 15
31. 5 32. 20 33. 45 34. 40 35. 50 36. 15
37. 25 38. 10 39. 50 40. 35 41. 45 42. 30
43. 25 44. 20 45. 40 46. 15 47. 50 48. 10
49. 35 50. 0 51. 5 52. 50 53. 40 54. 25
55. 30 56. 10 57. 20 58. 45 59. 15 60. 35

Page 31
1. 12 2. 36 3. 30 4. 48 5. 6 6. 24
7. 54 8. 12 9. 18 10. 42 11. 60 12. 0
13. 36 14. 30 15. 48 16. 18 17. 12 18. 12
19. 30 20. 54 21. 24 22. 60 23. 48 24. 18
25. 54 26. 42 27. 24 28. 6 29. 18 30. 30
31. 36 32. 48 33. 24 34. 42 35. 54 36. 12
37. 24 38. 60 39. 36 40. 42 41. 30 42. 60
43. 54 44. 18 45. 0 46. 12 47. 36 48. 6
49. 60 50. 42 51. 48 52. 12 53. 30 54. 24
55. 0 56. 18 57. 36 58. 24 59. 42 60. 54

Page 32
1. 12 2. 48 3. 18 4. 24 5. 30 6. 60
7. 0 8. 18 9. 54 10. 12 11. 30 12. 36
13. 48 14. 24 15. 30 16. 60 17. 18 18. 42
19. 36 20. 0 21. 48 22. 6 23. 60 24. 30
25. 54 26. 18 27. 24 28. 12 29. 60 30. 54
31. 36 32. 30 33. 48 34. 24 35. 42 36. 0
37. 18 38. 36 39. 24 40. 30 41. 12 42. 54
43. 48 44. 42 45. 36 46. 30 47. 54 48. 18
49. 12 50. 48 51. 6 52. 42 53. 60 54. 24
55. 30 56. 54 57. 12 58. 24 59. 36 60. 18

Page 33
1. 18 2. 30 3. 30 4. 36 5. 24 6. 12
7. 42 8. 6 9. 54 10. 30 11. 48 12. 12
13. 60 14. 42 15. 18 16. 0 17. 6 18. 60
19. 24 20. 36 21. 12 22. 18 23. 54 24. 30
25. 24 26. 60 27. 42 28. 48 29. 18 30. 54
31. 6 32. 24 33. 30 34. 18 35. 42 36. 12
37. 36 38. 12 39. 48 40. 42 41. 60 42. 24
43. 30 44. 18 45. 0 46. 54 47. 36 48. 48
49. 12 50. 30 51. 54 52. 48 53. 24 54. 18
55. 12 56. 60 57. 36 58. 30 59. 42 60. 18

Page 34
1. 30 2. 18 3. 42 4. 6 5. 54 6. 60
7. 24 8. 36 9. 48 10. 12 11. 54 12. 18
13. 48 14. 30 15. 24 16. 18 17. 42 18. 24
19. 36 20. 54 21. 30 22. 48 23. 18 24. 6
25. 36 26. 12 27. 54 28. 24 29. 30 30. 60
31. 18 32. 48 33. 36 34. 60 35. 54 36. 42
37. 6 38. 30 39. 18 40. 12 41. 48 42. 60
43. 0 44. 54 45. 18 46. 30 47. 36 48. 42
49. 18 50. 24 51. 60 52. 42 53. 48 54. 12
55. 30 56. 0 57. 30 58. 60 59. 36 60. 54

Page 35
1. 24 2. 36 3. 12 4. 6 5. 42 6. 30
7. 30 8. 54 9. 18 10. 12 11. 24 12. 42
13. 48 14. 30 15. 18 16. 36 17. 60 18. 24
19. 18 20. 54 21. 42 22. 48 23. 12 24. 6
25. 54 26. 60 27. 18 28. 12 29. 30 30. 24
31. 36 32. 42 33. 48 34. 60 35. 30 36. 54
37. 48 38. 24 39. 36 40. 18 41. 12 42. 54
43. 0 44. 48 45. 42 46. 30 47. 24 48. 60
49. 6 50. 54 51. 48 52. 12 53. 24 54. 42
55. 60 56. 18 57. 36 58. 0 59. 30 60. 54

Page 36
1. 36 2. 30 3. 48 4. 12 5. 6 6. 18
7. 54 8. 24 9. 30 10. 12 11. 42 12. 60
13. 24 14. 36 15. 48 16. 18 17. 54 18. 30
19. 24 20. 60 21. 12 22. 6 23. 48 24. 42
25. 30 26. 12 27. 18 28. 36 29. 54 30. 24
31. 42 32. 0 33. 60 34. 18 35. 30 36. 12
37. 42 38. 48 39. 18 40. 12 41. 54 42. 0
43. 24 44. 18 45. 42 46. 54 47. 48 48. 30
49. 60 50. 36 51. 54 52. 24 53. 0 54. 12
55. 48 56. 18 57. 24 58. 30 59. 42 60. 54

Page 103 - Answers

Page 37
1. 30 2. 12 3. 36 4. 42 5. 24 6. 18
7. 60 8. 54 9. 48 10. 42 11. 36 12. 0
13. 18 14. 12 15. 24 16. 30 17. 42 18. 48
19. 36 20. 54 21. 60 22. 12 23. 18 24. 54
25. 60 26. 24 27. 36 28. 48 29. 18 30. 6
31. 12 32. 42 33. 30 34. 36 35. 48 36. 24
37. 12 38. 60 39. 18 40. 54 41. 24 42. 48
43. 42 44. 30 45. 12 46. 18 47. 0 48. 24
49. 30 50. 36 51. 48 52. 12 53. 42 54. 24
55. 60 56. 30 57. 54 58. 48 59. 6 60. 18

Page 38
1. 70 2. 7 3. 21 4. 14 5. 28 6. 42
7. 35 8. 49 9. 63 10. 0 11. 42 12. 21
13. 7 14. 70 15. 14 16. 49 17. 63 18. 56
19. 70 20. 42 21. 28 22. 21 23. 14 24. 56
25. 70 26. 35 27. 21 28. 42 29. 63 30. 7
31. 14 32. 49 33. 0 34. 70 35. 21 36. 42
37. 35 38. 56 39. 14 40. 21 41. 28 42. 63
43. 0 44. 56 45. 35 46. 7 47. 42 48. 49
49. 14 50. 0 51. 35 52. 63 53. 56 54. 70
55. 21 56. 14 57. 28 58. 49 59. 35 60. 70

Page 39
1. 14 2. 21 3. 42 4. 35 5. 7 6. 14
7. 49 8. 56 9. 70 10. 42 11. 28 12. 63
13. 14 14. 7 15. 21 16. 42 17. 49 18. 56
19. 63 20. 70 21. 35 22. 28 23. 49 24. 21
25. 7 26. 14 27. 42 28. 35 29. 63 30. 21
31. 49 32. 56 33. 28 34. 70 35. 35 36. 0
37. 63 38. 14 39. 7 40. 21 41. 42 42. 63
43. 56 44. 49 45. 14 46. 7 47. 70 48. 0
49. 28 50. 42 51. 21 52. 14 53. 35 54. 70
55. 63 56. 56 57. 49 58. 21 59. 42 60. 28

Page 40
1. 14 2. 35 3. 42 4. 7 5. 49 6. 70
7. 42 8. 28 9. 21 10. 63 11. 14 12. 56
13. 35 14. 63 15. 70 16. 28 17. 56 18. 7
19. 49 20. 21 21. 42 22. 56 23. 35 24. 42
25. 14 26. 56 27. 28 28. 70 29. 49 30. 35
31. 56 32. 7 33. 21 34. 42 35. 14 36. 42
37. 21 38. 63 39. 28 40. 49 41. 42 42. 35
43. 14 44. 70 45. 56 46. 49 47. 21 48. 0
49. 35 50. 42 51. 42 52. 28 53. 49 54. 21
55. 56 56. 0 57. 14 58. 21 59. 63 60. 70

Page 41
1. 49 2. 14 3. 35 4. 70 5. 21 6. 28
7. 42 8. 49 9. 7 10. 56 11. 63 12. 28
13. 14 14. 56 15. 21 16. 42 17. 35 18. 70
19. 7 20. 28 21. 14 22. 42 23. 21 24. 35
25. 63 26. 70 27. 49 28. 28 29. 0 30. 42
31. 14 32. 56 33. 63 34. 42 35. 70 36. 35
37. 70 38. 21 39. 56 40. 63 41. 35 42. 28
43. 49 44. 42 45. 7 46. 28 47. 21 48. 63
49. 35 50. 0 51. 14 52. 0 53. 70 54. 56
55. 21 56. 28 57. 49 58. 56 59. 63 60. 42

Page 42
1. 35 2. 70 3. 14 4. 42 5. 21 6. 56
7. 14 8. 28 9. 63 10. 7 11. 35 12. 21
13. 63 14. 63 15. 70 16. 49 17. 42 18. 7
19. 56 20. 21 21. 28 22. 14 23. 49 24. 35
25. 14 26. 63 27. 21 28. 70 29. 28 30.42
31. 63 32. 21 33. 35 34. 49 35. 0 36. 14
37. 35 38. 63 39. 56 40. 21 41. 70 42. 14
43. 42 44. 28 45. 21 46. 0 47. 49 48. 35
49. 14 50. 42 51. 56 52. 21 53. 70 54. 14
55. 63 56. 28 57. 42 58. 21 59. 49 60. 35

Page 43
1. 35 2. 14 3. 28 4. 70 5. 7 6. 42
7. 21 8. 49 9. 63 10. 14 11. 56 12. 35
13. 42 14. 28 15. 70 16. 63 17. 21 18. 42
19. 70 20. 35 21. 56 22. 28 23. 14 24. 14
25. 49 26. 21 27. 7 28. 56 29. 63 30. 35
31. 28 32. 42 33. 14 34. 70 35. 35 36. 21
37. 42 38. 49 39. 28 40. 21 41. 63 42. 0
43. 42 44. 14 45. 28 46. 49 47. 63 48. 21
49. 42 50. 56 51. 35 52. 28 53. 21 54. 49
55. 63 56. 70 57. 14 58. 56 59. 49 60. 21

Page 44
1. 21 2. 28 3. 42 4. 49 5. 35 6. 70
7. 63 8. 21 9. 49 10. 56 11. 35 12. 42
13. 28 14. 14 15. 63 16. 49 17. 42 18. 35
19. 70 20. 56 21. 21 22. 49 23. 14 24. 63
25. 35 26. 70 27. 28 28. 56 29. 21 30. 14
31. 42 32. 28 33. 63 34. 42 35. 49 36. 14
37. 63 38. 35 39. 70 40. 28 41. 56 42. 21
43. 14 44. 7 45. 35 46. 56 47. 49 48. 42
49. 21 50. 70 51. 0 52. 49 53. 63 54. 35
55. 42 56. 56 57. 28 58. 42 59. 14 60. 70

Page 45
1. 16 2. 40 3. 24 4. 64 5. 8 6. 56
7. 48 8. 80 9. 24 10. 40 11.16 12. 32
13. 24 14. 64 15. 0 16. 56 17. 0 18. 72
19. 16 20. 24 21. 48 22. 8 23. 32 24. 80
25. 48 26. 64 27. 56 28. 32 29. 72 30. 16
31. 40 32. 48 33. 0 34. 80 35. 56 36. 56
37. 24 38. 72 39. 16 40. 32 41. 64 42. 40
43. 48 44. 32 45. 8 46. 64 47. 56 48. 80
49. 16 50. 32 51. 72 52. 80 53. 0 54. 48
55. 40 56. 24 57. 64 58. 32 59. 80 60. 16

Page 46
1. 80 2. 8 3. 40 4. 56 5. 24 6. 16
7. 32 8. 48 9. 16 10. 72 11. 80 12. 56
13. 32 14. 16 15. 40 16. 24 17. 48 18. 8
19. 72 20. 16 21. 56 22. 80 23. 40 24. 64
25. 56 26. 16 27. 32 28. 48 29. 64 30. 24
31. 32 32. 16 33. 0 34. 16 35. 72 36. 40
37. 8 38. 32 39. 56 40. 48 41. 64 42. 80
43. 16 44. 40 45. 8 46. 24 47. 56 48. 16
49. 40 50. 32 51. 72 52. 64 53. 80 54. 56
55. 40 56. 48 57. 8 58. 16 59. 64 60. 32

Page 47
1. 16 2. 32 3. 8 4. 24 5. 64 6. 80
7. 72 8. 0 9. 40 10. 32 11. 56 12. 16
13. 24 14. 64 15. 48 16. 40 17. 56 18. 24
19. 8 20. 72 21. 32 22. 56 23. 48 24. 16
25. 80 26. 0 27. 40 28. 16 29. 72 30. 32
31. 64 32. 24 33. 48 34. 16 35. 56 36. 80
37. 40 38. 48 39. 8 40. 72 41. 24 42. 32
43. 16 44. 56 45. 40 46. 48 47. 72 48. 64
49. 32 50. 40 51. 56 52. 80 53. 72 54. 24
55. 0 56. 56 57. 40 58. 16 59. 48 60. 64

Page 48
1. 72 2. 16 3. 48 4. 80 5. 64 6. 56
7. 0 8. 40 9. 24 10. 16 11. 48 12. 72
13. 56 14. 32 15. 80 16. 40 17. 48 18. 64
19. 32 20. 24 21. 8 22. 80 23. 40 24. 56
25. 48 26. 72 27. 16 28. 56 29. 40 30. 64
31. 32 32. 8 33. 24 34. 56 35. 72 36. 0
37. 16 38. 32 39. 80 40. 64 41. 24 42. 48
43. 72 44. 40 45. 80 46. 16 47. 0 48. 32
49. 80 50. 40 51. 24 52. 32 53. 48 54. 8
55. 40 56. 56 57. 64 58. 48 59. 72 60. 16

Page 49
1. 40 2. 16 3. 48 4. 56 5. 32 6. 40
7. 80 8. 72 9. 24 10. 48 11. 56 12. 0
13. 16 14. 40 15. 72 16. 24 17. 64 18. 32
19. 40 20. 56 21. 16 22. 32 23. 80 24. 48
25. 56 26. 0 27. 16 28. 64 29. 24 30. 80
31. 32 32. 72 33. 8 34. 56 35. 24 36. 32
37. 16 38. 48 39. 0 40. 72 41. 32 42. 24
43. 80 44. 40 45. 56 46. 64 47. 24 48. 72
49. 32 50. 40 51. 16 52. 24 53. 48 54. 64
55. 32 56. 80 57. 56 58. 16 59. 40 60. 8

Page 50
1. 32 2. 80 3. 56 4. 40 5. 64 6. 16
7. 48 8. 8 9. 24 10. 32 11. 56 12. 48
13. 80 14. 40 15. 16 16. 48 17. 24 18. 32
19. 16 20. 64 21. 72 22. 40 23. 24 24. 48
25. 32 26. 56 27. 80 28. 48 29. 8 30. 32
31. 16 32. 40 33. 72 34. 64 35. 48 36. 24
37. 16 38. 56 39. 0 40. 72 41. 80 42. 48
43. 56 44. 56 45. 40 46. 32 47. 64 48. 48
49. 72 50. 8 51. 16 52. 24 53. 0 54. 40
55. 80 56. 48 57. 72 58. 56 59. 32 60. 64

Page 51
1. 80 2. 40 3. 32 4. 64 5. 72 6. 48
7. 8 8. 24 9. 40 10. 16 11. 56 12. 80
13. 72 14. 32 15. 72 16. 48 17. 24 18. 64
19. 16 20. 56 21. 40 22. 24 23. 72 24. 0
25. 48 26. 40 27. 16 28. 56 29. 16 30. 80
31. 32 32. 64 33. 72 34. 56 35. 24 36. 16
37. 80 38. 48 39. 40 40. 32 41. 56 42. 0
43. 80 44. 72 45. 56 46. 48 47. 64 48. 32
49. 16 50. 56 51. 8 52. 80 53. 40 54. 24
55. 72 56. 64 57. 48 58. 32 59. 56 60. 40

Page 52
1. 27 2. 9 3. 90 4. 72 5. 36 6. 18
7. 45 8. 63 9. 81 10. 54 11. 90 12. 0
13. 54 14. 36 15. 27 16. 90 17. 18 18. 72
19. 63 20. 9 21. 45 22. 81 23. 63 24. 18
25. 90 26. 54 27. 81 28. 36 29. 45 30. 63
31. 54 32. 72 33. 27 34. 18 35. 45 36. 81
37. 90 38. 81 39. 54 40. 45 41. 63 42. 18
43. 72 44. 0 45. 36 46. 45 47. 27 48. 72
49. 72 50. 54 51. 63 52. 9 53. 81 54. 90
55. 0 56. 18 57. 72 58. 36 59. 54 60. 45

Page 53
1. 27 2. 18 3. 54 4. 90 5. 81 6. 45
7. 72 8. 9 9. 27 10. 18 11. 54 12. 36
13. 36 14. 72 15. 63 16. 54 17. 90 18. 27
19. 81 20. 36 21. 45 22. 9 23. 18 24. 45
25. 72 26. 27 27. 36 28. 54 29. 63 30. 45
31. 9 32. 18 33. 27 34. 36 35. 54 36. 81
37. 63 38. 90 39. 45 40. 27 41. 72 42. 54
43. 18 44. 63 45. 0 46. 90 47. 45 48. 36
49. 18 50. 81 51. 0 52. 54 53. 90 54. 63
55. 72 56. 27 57. 81 58. 36 59. 45 60. 18

Page 54
1. 90 2. 81 3. 27 4. 0 5. 18 6. 45
7. 54 8. 9 9. 72 10. 81 11. 36 12. 54
13. 18 14. 90 15. 27 16. 45 17. 54 18. 63
19. 27 20. 18 21. 36 22. 72 23. 45 24. 54
25. 36 26. 9 27. 81 28. 18 29. 45 30. 63
31. 54 32. 90 33. 27 34. 36 35. 45 36. 27
37. 63 38. 0 39. 18 40. 90 41. 36 42. 27
43. 9 44. 54 45. 72 46. 27 47. 45 48. 36
49. 0 50. 81 51. 63 52. 72 53. 45 54. 18
55. 54 56. 36 57. 9 58. 90 59. 27 60. 81

Page 55

1. 27 2. 36 3. 90 4. 63 5. 18 6. 45
7. 72 8. 9 9. 81 10. 36 11. 54 12. 90
13. 45 14. 27 15. 81 16. 18 17. 0 18. 63
19. 36 20. 54 21. 72 22. 81 23. 45 24. 36
25. 90 26. 27 27. 72 28. 9 29. 63 30. 18
31. 36 32. 54 33. 0 34. 72 35. 81 36. 27
37. 45 38. 36 39. 18 40. 63 41. 90 42. 54
43. 18 44. 0 45. 72 46. 81 47. 45 48. 36
49. 18 50. 27 51. 63 52. 54 53. 36 54. 9
55. 72 56. 63 57. 45 58. 90 59. 81 60. 27

Page 58

1. 36 2. 27 3. 45 4. 90 5. 63 6. 54
7. 45 8. 36 9. 72 10. 90 11. 9 12. 27
13. 45 14. 90 15. 9 16. 72 17. 54 18. 36
19. 18 20. 63 21. 45 22. 27 23. 72 24. 18
25. 45 26. 36 27. 45 28. 63 29. 18 30. 90
31. 81 32. 54 33. 72 34. 45 35. 81 36. 9
37. 72 38. 90 39. 27 40. 45 41. 36 42. 18
43. 9 44. 81 45. 63 46. 54 47. 0 48. 45
49. 36 50. 45 51. 72 52. 90 53. 27 54. 63
55. 0 56. 54 57. 36 58. 45 59. 72 60. 90

Page 61

1. 20 2. 50 3. 100 4. 66 5. 80 6. 99
7. 88 8. 70 9. 40 10. 55 11. 60 12. 110
13. 40 14. 10 15. 99 16. 60 17. 121 18. 22
19. 11 20. 99 21. 70 22. 88 23. 33 24. 90
25. 55 26. 77 27. 110 28. 30 29. 50 30. 99
31. 44 32. 66 33. 44 34. 121 35. 50 36. 88
37. 66 38. 30 39. 90 40. 88 41. 0 42. 77
43. 110 44. 60 45. 99 46. 70 47. 121 48. 22
49. 10 50. 80 51. 0 52. 88 53. 30 54. 99
55. 70 56. 100 57. 44 58. 60 59. 33 60. 40

Page 64

1. 90 2. 55 3. 70 4. 50 5. 66 6. 10
7. 121 8. 60 9. 90 10. 80 11. 50 12. 99
13. 77 14. 20 15. 66 16. 11 17. 44 18. 88
19. 66 20. 50 21. 33 22. 40 23. 10 24. 110
25. 22 26. 70 27. 77 28. 44 29. 80 30. 50
31. 30 32. 100 33. 60 34. 20 35. 88 36. 22
37. 40 38. 11 39. 70 40. 121 41. 33 42. 30
43. 77 44. 99 45. 0 46. 100 47. 110 48. 44
49. 60 50. 80 51. 99 52. 33 53. 90 54. 88
55. 66 56. 0 57. 70 58. 100 59. 44 60. 110

Page 67

1. 36 2. 72 3. 48 4. 84 5. 24 6. 120
7. 12 8. 60 9. 96 10. 0 11. 36 12. 108
13. 48 14. 96 15. 24 16. 120 17. 108 18. 84
19. 72 20. 12 21. 60 22. 96 23. 36 24. 24
25. 60 26. 12 27. 72 28. 24 29. 84 30. 48
31. 108 32. 60 33. 96 34. 36 35. 72 36. 120
37. 60 38. 24 39. 84 40. 48 41. 12 42. 36
43. 72 44. 96 45. 120 46. 60 47. 84 48. 24
49. 96 50. 120 51. 12 52. 36 53. 108 54. 48
55. 84 56. 24 57. 96 58. 108 59. 72 60. 60

Page 70

1. 24 2. 108 3. 120 4. 60 5. 36 6. 36
7. 12 8. 144 9. 72 10. 132 11. 48 12. 84
13. 24 14. 60 15. 120 16. 96 17. 144 18. 36
19. 24 20. 108 21. 132 22. 48 23. 120 24. 72
25. 132 26. 12 27. 84 28. 36 29. 96 30. 60
31. 144 32. 24 33. 48 34. 84 35. 60 36. 72
37. 108 38. 132 39. 36 40. 84 41. 96 42. 120
43. 60 44. 12 45. 48 46. 72 47. 24 48. 144
49. 36 50. 84 51. 108 52. 120 53. 96 54. 132
55. 36 56. 108 57. 72 58. 12 59. 144 60. 60

Page 56

1. 90 2. 27 3. 45 4. 81 5. 63 6. 9
7. 36 8. 72 9. 36 10. 18 11. 45 12. 54
13. 27 14. 72 15. 63 16. 54 17. 81 18. 36
19. 63 20. 90 21. 18 22. 27 23. 45 24. 9
25. 36 26. 54 27. 27 28. 45 29. 18 30. 72
31. 90 32. 36 33. 27 34. 54 35. 0 36. 81
37. 45 38. 63 39. 72 40. 36 41. 90 42. 18
43. 27 44. 72 45. 45 46. 54 47. 63 48. 36
49. 18 50. 27 51. 90 52. 0 53. 81 54. 63
55. 9 56. 72 57. 27 58. 36 59. 90 60. 45

Page 59

1. 60 2. 11 3. 100 4. 55 5. 20 6. 80
7. 44 8. 10 9. 33 10. 22 11. 44 12. 90
13. 30 14. 20 15. 33 16. 88 17. 99 18. 0
19. 55 20. 110 21. 40 22. 99 23. 20 24. 30
25. 80 26. 50 27. 66 28. 22 29. 33 30. 40
31. 60 32. 20 33. 121 34. 77 35. 88 36. 30
37. 50 38. 99 39. 66 40. 44 41. 22 42. 70
43. 90 44. 0 45. 80 46. 40 47. 33 48. 99
49. 80 50. 110 51. 66 52. 60 53. 121 54. 50
55. 44 56. 30 57. 90 58. 55 59. 80 60. 110

Page 62

1. 90 2. 50 3. 60 4. 88 5. 22 6. 66
7. 55 8. 121 9. 80 10. 110 11. 77 12. 40
13. 44 14. 100 15. 30 16. 20 17. 90 18. 70
19. 80 20. 121 21. 88 22. 66 23. 10 24. 55
25. 50 26. 90 27. 40 28. 33 29. 20 30. 121
31. 90 32. 0 33. 70 34. 100 35. 88 36. 60
37. 22 38. 70 39. 40 40. 99 41. 80 42. 90
43. 77 44. 30 45. 60 46. 50 47. 70 48. 20
49. 10 50. 40 51. 77 52. 90 53. 30 54. 121
55. 0 56. 88 57. 44 58. 100 59. 60 60. 80

Page 65

1. 20 2. 33 3. 88 4. 66 5. 40 6. 90
7. 100 8. 50 9. 77 10. 121 11. 30 12. 99
13. 22 14. 44 15. 70 16. 88 17. 90 18. 40
19. 66 20. 50 21. 10 22. 90 23. 77 24. 80
25. 100 26. 30 27. 60 28. 11 29. 40 30. 55
31. 20 32. 100 33. 121 34. 33 35. 60 36. 90
37. 50 38. 66 39. 80 40. 33 41. 88 42. 70
43. 40 44. 30 45. 60 46. 77 47. 66 48. 90
49. 55 50. 88 51. 44 52. 30 53. 100 54. 50
55. 80 56. 99 57. 20 58. 60 59. 110 60. 44

Page 68

1. 120 2. 48 3. 144 4. 84 5. 12 6. 72
7. 36 8. 60 9. 144 10. 108 11. 24 12. 48
13. 60 14. 120 15. 96 16. 72 17. 36 18. 132
19. 24 20. 108 21. 60 22. 48 23. 84 24. 0
25. 60 26. 96 27. 144 28. 108 29. 12 30. 36
31. 84 32. 24 33. 120 34. 24 35. 48 36. 72
37. 96 38. 60 39. 0 40. 12 41. 144 42. 36
43. 120 44. 60 45. 96 46. 48 47. 72 48. 24
49. 84 50. 132 51. 48 52. 60 53. 24 54. 12
55. 36 56. 96 57. 120 58. 0 59. 72 60. 84

Page 71

1. 48 2. 60 3. 96 4. 72 5. 24 6. 12
7. 120 8. 96 9. 36 10. 84 11. 0 12. 132
13. 108 14. 48 15. 144 16. 120 17. 36 18. 108
19. 60 20. 12 21. 24 22. 132 23. 72 24. 84
25. 120 26. 96 27. 48 28. 36 29. 108 30. 0
31. 144 32. 60 33. 84 34. 24 35. 12 36. 132
37. 48 38. 36 39. 96 40. 60 41. 72 42. 108
43. 84 44. 144 45. 36 46. 132 47. 60 48. 24
49. 120 50. 0 51. 108 52. 72 53. 84 54. 48
55. 96 56. 144 57. 24 58. 132 59. 36 60. 60

Page 57

1. 27 2. 90 3. 45 4. 18 5. 63 6. 27
7. 36 8. 9 9. 72 10. 81 11. 27 12. 54
13. 90 14. 0 15. 63 16. 54 17. 45 18. 36
19. 72 20. 9 21. 18 22. 90 23. 27 24. 54
25. 63 26. 81 27. 72 28. 18 29. 36 30. 90
31. 45 32. 72 33. 27 34. 90 35. 18 36. 0
37. 72 38. 36 39. 63 40. 81 41. 45 42. 54
43. 27 44. 0 45. 18 46. 36 47. 63 48. 27
49. 90 50. 45 51. 81 52. 72 53. 18 54. 54
55. 36 56. 81 57. 45 58. 27 59. 72 60. 45

Page 60

1. 30 2. 44 3. 60 4. 90 5. 50 6. 70
7. 20 8. 22 9. 80 10. 33 11. 55 12. 22
13. 77 14. 0 15. 121 16. 50 17. 30 18. 44
19. 88 20. 70 21. 55 22. 0 23. 80 24. 20
25. 22 26. 44 27. 60 28. 33 29. 50 30. 90
31. 80 32. 77 33. 88 34. 60 35. 110 36. 44
37. 20 38. 66 39. 20 40. 77 41. 80 42. 99
43. 110 44. 55 45. 22 46. 88 47. 70 48. 30
49. 50 50. 60 51. 44 52. 20 53. 33 54. 77
55. 66 56. 88 57. 55 58. 80 59. 99 60. 90

Page 63

1. 60 2. 55 3. 70 4. 33 5. 100 6. 40
7. 99 8. 80 9. 88 10. 44 11. 66 12. 22
13. 30 14. 55 15. 55 16. 77 17. 33 18. 50
19. 60 20. 99 21. 30 22. 44 23. 70 24. 77
25. 20 26. 10 27. 40 28. 80 29. 121 30. 44
31. 30 32. 99 33. 0 34. 20 35. 90 36. 100
37. 33 38. 70 39. 88 40. 121 41. 11 42. 40
43. 90 44. 30 45. 22 46. 88 47. 60 48. 100
49. 20 50. 110 51. 70 52. 33 53. 99 54. 40
55. 0 56. 77 57. 66 58. 110 59. 80 60. 121

Page 66

1. 60 2. 24 3. 48 4. 120 5. 0 6. 84
7. 72 8. 96 9. 36 10. 12 11. 108 12. 24
13. 84 14. 60 15. 72 16. 24 17. 96 18. 48
19. 120 20. 36 21. 24 22. 84 23. 96 24. 120
25. 72 26. 108 27. 24 28. 36 29. 132 30. 48
31. 12 32. 60 33. 72 34. 84 35. 48 36. 96
37. 12 38. 108 39. 24 40. 96 41. 36 42. 0
43. 60 44. 48 45. 120 46. 108 47. 12 48. 24
49. 0 50. 96 51. 36 52. 24 53. 132 54. 84
55. 108 56. 48 57. 60 58. 12 59. 72 60. 120

Page 69

1. 144 2. 120 3. 60 4. 72 5. 24 6. 84
7. 108 8. 120 9. 132 10. 60 11. 12 12. 24
13. 96 14. 144 15. 36 16. 84 17. 120 18. 72
19. 24 20. 48 21. 96 22. 108 23. 24 24. 132
25. 60 26. 12 27. 84 28. 120 29. 36 30. 72
31. 48 32. 84 33. 60 34. 0 35. 144 36. 108
37. 36 38. 96 39. 132 40. 84 41. 120 42. 48
43. 36 44. 24 45. 108 46. 72 47. 96 48. 12
49. 132 50. 48 51. 36 52. 108 53. 60 54. 144
55. 24 56. 0 57. 84 58. 48 59. 132 60. 36

Page 72

1. 12 2. 36 3. 72 4. 120 5. 48 6. 60
7. 24 8. 144 9. 108 10. 84 11. 96 12. 132
13. 60 14. 72 15. 12 16. 132 17. 24 18. 36
19. 108 20. 120 21. 48 22. 144 23. 0 24. 60
25. 12 26. 24 27. 84 28. 48 29. 72 30. 36
31. 60 32. 96 33. 24 34. 84 35. 120 36. 108
37. 0 38. 144 39. 48 40. 72 41. 12 42. 132
43. 96 44. 24 45. 48 46. 72 47. 84 48. 60
49. 36 50. 120 51. 108 52. 60 53. 96 54. 144
55. 132 56. 0 57. 48 58. 72 59. 108 60. 84

Page 105 - Answers

Page 73
1. 30 2. 27 3. 32 4. 110 5. 63 6. 9
7. 16 8. 66 9. 54 10. 36 11. 28 12. 50
13. 12 14. 27 15. 42 16. 24 17. 108 18. 44
19. 18 20. 35 21. 8 22. 14 23. 24 24. 63
25. 77 26. 36 27. 72 28. 16 29. 9 30. 20
31. 60 32. 100 33. 28 34. 72 35. 24 36. 33
37. 18 38. 144 39. 55 40. 48 41. 49 42. 30
43. 30 44. 64 45. 63 46. 72 47. 30 48. 18
49. 88 50. 12 51. 36 52. 66 53. 20 54. 56
55. 27 56. 40 57. 24 58. 64 59. 22 60. 15

Page 74
1. 18 2. 48 3. 50 4. 21 5. 30 6. 56
7. 44 8. 144 9. 18 10. 81 11. 32 12. 15
13. 121 14. 42 15. 24 16. 35 17. 100 18. 4
19. 6 20. 45 21. 96 22. 24 23. 72 24. 28
25. 30 26. 84 27. 22 28. 88 29. 9 30. 20
31. 30 32. 24 33. 63 34. 33 35. 20 36. 40
37. 63 38. 132 39. 25 40. 28 41. 16 42. 72
43. 84 44. 16 45. 55 46. 48 47. 27 48. 72
49. 16 50. 18 51. 55 52. 16 53. 35 54. 48
55. 18 56. 81 57. 80 58. 42 59. 36 60. 44

Page 75
1. 60 2. 42 3. 4 4. 36 5. 84 6. 48
7. 25 8. 9 9. 56 10. 16 11. 18 12. 32
13. 96 14. 15 15. 22 16. 36 17. 12 18. 44
19. 16 20. 50 21. 54 22. 48 23. 21 24. 24
25. 63 26. 12 27. 21 28. 121 29. 8 30. 64
31. 18 32. 18 33. 72 34. 40 35. 35 36. 48
37. 24 38. 24 39. 77 40. 20 41. 81 42. 144
43. 14 44. 36 45. 8 46. 45 47. 132 48. 40
49. 30 50. 12 51. 48 52. 35 53. 36 54. 16
55. 27 56. 24 57. 30 58. 77 59. 12 60. 72

Page 76
1. 36 2. 8 3. 72 4. 30 5. 24 6. 42
7. 24 8. 64 9. 9 10. 63 11. 54 12. 22
13. 20 14. 36 15. 20 16. 6 17. 64 18. 18
19. 96 20. 132 21. 30 22. 81 23. 24 24. 27
25. 24 26. 35 27. 4 28. 6 29. 35 30. 88
31. 70 32. 6 33. 28 34. 27 35. 10 36. 48
37. 42 38. 60 39. 16 40. 20 41. 36 42. 63
43. 14 44. 18 45. 100 46. 66 47. 144 48. 10
49. 77 50. 24 51. 18 52. 30 53. 63 54. 20
55. 21 56. 12 57. 84 58. 8 59. 55 60. 36

Page 77
1. 16 2. 48 3. 25 4. 27 5. 100 6. 14
7. 24 8. 24 9. 16 10. 63 11. 27 12. 12
13. 60 14. 32 15. 64 16. 15 17. 60 18. 144
19. 16 20. 56 21. 12 22. 54 23. 33 24. 40
25. 77 26. 44 27. 18 28. 120 29. 121 30. 15
31. 48 32. 18 33. 30 34. 77 35. 56 36. 9
37. 80 38. 45 39. 21 40. 6 41. 54 42. 60
43. 14 44. 132 45. 30 46. 40 47. 36 48. 88
49. 72 50. 28 51. 96 52. 12 53. 20 54. 35
55. 44 56. 4 57. 55 58. 72 59. 24 60. 36

Page 78
1. 48 2. 18 3. 36 4. 66 5. 20 6. 28
7. 24 8. 18 9. 72 10. 42 11. 12 12. 22
13. 80 14. 54 15. 18 16. 10 17. 80 18. 48
19. 32 20. 63 21. 66 22. 35 23. 30 24. 16
25. 63 26. 33 27. 10 28. 21 29. 64 30. 18
31. 45 32. 20 33. 60 34. 9 35. 16 36. 121
37. 40 38. 144 39. 42 40. 24 41. 72 42. 12
43. 18 44. 15 45. 132 46. 72 47. 81 48. 32
49. 84 50. 6 51. 36 52. 30 53. 70 54. 18
55. 144 56. 24 57. 100 58. 108 59. 24 60. 45

Page 79
1. 30 2. 12 3. 60 4. 8 5. 30 6. 42
7. 55 8. 36 9. 56 10. 132 11. 100 12. 32
13. 24 14. 108 15. 66 16. 15 17. 28 18. 36
19. 27 20. 24 21. 33 22. 49 23. 16 24. 12
25. 70 26. 132 27. 63 28. 9 29. 28 30. 72
31. 21 32. 40 33. 63 34. 22 35. 30 36. 16
37. 144 38. 9 39. 110 40. 36 41. 21 42. 6
43. 55 44. 48 45. 40 46. 48 47. 36 48. 25
49. 18 50. 77 51. 80 52. 16 53. 72 54. 20
55. 14 56. 36 57. 54 58. 72 59. 50 60. 18

Page 80
1. 32 2. 14 3. 120 4. 63 5. 18 6. 20
7. 15 8. 24 9. 9 10. 18 11. 48 12. 144
13. 49 14. 80 15. 20 16. 108 17. 22 18. 27
19. 24 20. 21 21. 45 22. 36 23. 42 24. 40
25. 55 26. 12 27. 80 28. 42 29. 36 30. 12
31. 54 32. 36 33. 32 34. 66 35. 45 36. 24
37. 4 38. 70 39. 30 40. 36 41. 25 42. 96
43. 6 44. 35 45. 49 46. 24 47. 48 48. 25
49. 40 50. 64 51. 132 52. 40 53. 33 54. 36
55. 21 56. 72 57. 64 58. 60 59. 99 60. 30

Page 81
1. 9 2. 32 3. 54 4. 132 5. 10 6. 42
7. 28 8. 60 9. 36 10. 8 11. 72 12. 16
13. 15 14. 84 15. 30 16. 72 17. 99 18. 12
19. 21 20. 40 21. 72 22. 44 23. 12 24. 42
25. 96 26. 54 27. 15 28. 24 29. 100 30. 48
31. 40 32. 54 33. 49 34. 27 35. 60 36. 88
37. 132 38. 8 39. 18 40. 64 41. 66 42. 27
43. 25 44. 144 45. 21 46. 30 47. 16 48. 120
49. 18 50. 56 51. 132 52. 60 53. 18 54. 110
55. 63 56. 33 57. 84 58. 12 59. 48 60. 50

Page 82
1. 27 2. 49 3. 22 4. 144 5. 32 6. 30
7. 40 8. 10 9. 42 10. 21 11. 132 12. 72
13. 20 14. 144 15. 25 16. 27 17. 35 18. 96
19. 25 20. 6 21. 121 22. 28 23. 27 24. 16
25. 36 26. 35 27. 48 28. 24 29. 110 30. 84
31. 18 32. 24 33. 55 34. 24 35. 63 36. 48
37. 56 38. 4 39. 27 40. 120 41. 12 42. 45
43. 54 44. 42 45. 15 46. 44 47. 48 48. 99
49. 48 50. 14 51. 60 52. 64 53. 66 54. 110
55. 21 56. 81 57. 16 58. 60 59. 6 60. 56

Page 83
1. 42 2. 81 3. 50 4. 48 5. 4 6. 72
7. 30 8. 16 9. 33 10. 56 11. 144 12. 54
13. 18 14. 50 15. 44 16. 32 17. 20 18. 49
19. 132 20. 24 21. 44 22. 24 23. 90 24. 96
25. 63 26. 72 27. 77 28. 12 29. 18 30. 121
31. 33 32. 42 33. 24 34. 20 35. 60 36. 108
37. 14 38. 18 39. 121 40. 45 41. 48 42. 84
43. 120 44. 80 45. 99 46. 40 47. 12 48. 22
49. 40 50. 48 51. 36 52. 56 53. 88 54. 108
55. 9 56. 30 57. 24 58. 144 59. 36 60. 99

Page 84
1. 77 2. 18 3. 42 4. 96 5. 15 6. 15
7. 24 8. 48 9. 20 10. 132 11. 4 12. 63
13. 48 14. 44 15. 72 16. 90 17. 66 18. 24
19. 56 20. 55 21. 18 22. 96 23. 40 24. 42
25. 72 26. 35 27. 28 28. 12 29. 110 30. 10
31. 108 32. 12 33. 88 34. 54 35. 25 36. 9
37. 64 38. 28 39. 144 40. 81 41. 12 42. 42
43. 32 44. 60 45. 18 46. 33 47. 8 48. 28
49. 132 50. 12 51. 81 52. 32 53. 70 54. 24
55. 18 56. 20 57. 40 58. 120 59. 121 60. 60

Page 85
1. 32 2. 144 3. 10 4. 81 5. 18 6. 28
7. 72 8. 45 9. 48 10. 4 11. 12 12. 22
13. 56 14. 30 15. 18 16. 30 17. 16 18. 121
19. 27 20. 45 21. 42 22. 28 23. 96 24. 72
25. 25 26. 22 27. 36 28. 120 29. 6 30. 132
31. 54 32. 32 33. 20 34. 42 35. 30 36. 24
37. 49 38. 99 39. 22 40. 72 41. 56 42. 60
43. 12 44. 10 45. 54 46. 66 47. 60 48. 144
49. 30 50. 56 51. 108 52. 40 53. 108 54. 21
55. 48 56. 33 57. 64 58. 24 59. 84 60. 36

Page 86
1. 36 2. 36 3. 40 4. 6 5. 77 6. 90
7. 48 8. 144 9. 8 10. 66 11. 50 12. 24
13. 9 14. 54 15. 60 16. 36 17. 45 18. 24
19. 20 20. 72 21. 70 22. 24 23. 121 24. 30
25. 132 26. 45 27. 28 28. 64 29. 4 30. 30
31. 80 32. 72 33. 33 34. 81 35. 42 36. 21
37. 16 38. 108 39. 42 40. 36 41. 24 42. 40
43. 18 44. 132 45. 72 46. 10 47. 56 48. 18
49. 18 50. 44 51. 40 52. 24 53. 48 54. 42
55. 54 56. 25 57. 18 58. 21 59. 48 60. 16

Page 87
1. 10 2. 21 3. 12 4. 144 5. 40 6. 20
7. 12 8. 9 9. 28 10. 54 11. 30 12. 4
13. 21 14. 12 15. 64 16. 32 17. 27 18. 132
19. 60 20. 15 21. 24 22. 6 23. 36 24. 36
25. 99 26. 40 27. 42 28. 25 29. 24 30. 72
31. 14 32. 18 33. 33 34. 54 35. 11 36. 80
37. 49 38. 108 39. 9 40. 30 41. 42 42. 16
43. 44 44. 48 45. 60 46. 81 47. 40 48. 21
49. 63 50. 88 51. 10 52. 30 53. 18 54. 84
55. 22 56. 16 57. 110 58. 35 59. 48 60. 45

Page 88
1. 120 2. 20 3. 16 4. 56 5. 42 6. 6
7. 30 8. 44 9. 16 10. 48 11. 20 12. 99
13. 24 14. 24 15. 36 16. 144 17. 35 18. 22
19. 81 20. 49 21. 32 22. 45 23. 80 24. 21
25. 28 26. 40 27. 18 28. 21 29. 54 30. 108
31. 6 32. 66 33. 72 34. 27 35. 40 36. 56
37. 36 38. 121 39. 15 40. 110 41. 30 42. 70
43. 8 44. 42 45. 36 46. 64 47. 30 48. 77
49. 35 50. 27 51. 72 52. 66 53. 20 54. 60
55. 49 56. 132 57. 72 58. 33 59. 24 60. 90

Page 89
1. 88 2. 18 3. 30 4. 9 5. 70 6. 18
7. 72 8. 25 9. 16 10. 84 11. 21 12. 16
13. 54 14. 22 15. 63 16. 12 17. 32 18. 21
19. 40 20. 27 21. 48 22. 100 23. 20 24. 64
25. 77 26. 24 27. 10 28. 60 29. 42 30. 44
31. 27 32. 45 33. 24 34. 24 35. 96 36. 6
37. 36 38. 121 39. 40 40. 14 41. 21 42. 32
43. 36 44. 72 45. 30 46. 33 47. 36 48. 72
49. 12 50. 50 51. 77 52. 54 53. 144 54. 32
55. 81 56. 90 57. 36 58. 24 59. 21 60. 132

Page 90
1. 16 2. 42 3. 15 4. 12 5. 25 6. 108
7. 6 8. 32 9. 110 10. 42 11. 36 12. 32
13. 35 14. 81 15. 24 16. 99 17. 36 18. 14
19. 66 20. 20 21. 24 22. 24 23. 36 24. 54
25. 4 26. 120 27. 45 28. 63 29. 18 30. 64
31. 33 32. 20 33. 96 34. 16 35. 35 36. 18
37. 144 38. 70 39. 24 40. 90 41. 32 42. 132
43. 27 44. 56 45. 60 46. 16 47. 60 48. 63
49. 64 50. 100 51. 33 52. 132 53. 14 54. 54
55. 10 56. 44 57. 40 58. 99 59. 81 60. 36

Page 91

1. 20 2. 32 3. 36 4. 6 5. 45 6. 48
7. 27 8. 6 9. 121 10. 32 11. 54 12. 40
13. 81 14. 60 15. 36 16. 40 17. 27 18. 28
19. 110 20. 63 21. 21 22. 4 23. 36 24. 50
25. 42 26. 12 27. 132 28. 15 29. 24 30. 49
31. 48 32. 12 33. 72 34. 12 35. 99 36. 21
37. 50 38. 18 39. 64 40. 55 41. 12 42. 72
43. 60 44. 36 45. 108 46. 6 47. 18 48. 60
49. 24 50. 16 51. 4 52. 56 53. 77 54. 100
55. 24 56. 8 57. 27 58. 22 59. 15 60. 72

Page 92

1. 25 2. 45 3. 42 4. 66 5. 16 6. 24
7. 30 8. 56 9. 16 10. 18 11. 16 12. 99
13. 27 14. 20 15. 144 16. 22 17. 28 18. 120
19. 36 20. 12 21. 48 22. 84 23. 40 24. 55
25. 35 26. 40 27. 36 28. 36 29. 12 30. 49
31. 88 32. 120 33. 54 34. 48 35. 15 36. 66
37. 18 38. 32 39. 33 40. 27 41. 54 42. 81
43. 48 44. 132 45. 9 46. 18 47. 77 48. 64
49. 21 50. 10 51. 100 52. 4 53. 60 54. 18
55. 36 56. 72 57. 21 58. 27 59. 88 60. 60

Page 93

1. 132 2. 40 3. 16 4. 32 5. 18 6. 100
7. 24 8. 63 9. 9 10. 99 11. 4 12. 28
13. 27 14. 44 15. 18 16. 49 17. 108 18. 48
19. 15 20. 25 21. 8 22. 24 23. 20 24. 54
25. 54 26. 20 27. 77 28. 144 29. 27 30. 18
31. 64 32. 50 33. 42 34. 110 35. 12 36. 15
37. 49 38. 8 39. 72 40. 33 41. 9 42. 132
43. 81 44. 72 45. 36 46. 24 47. 12 48. 35
49. 14 50. 16 51. 4 52. 64 53. 120 54. 27
55. 132 56. 33 57. 66 58. 12 59. 24 60. 22

Page 94

1. 18 2. 14 3. 90 4. 44 5. 9 6. 72
7. 48 8. 35 9. 18 10. 30 11. 48 12. 24
13. 64 14. 66 15. 35 16. 88 17. 6 18. 81
19. 18 20. 81 21. 28 22. 42 23. 144 24. 33
25. 110 26. 27 27. 21 28. 108 29. 8 30. 56
31. 25 32. 24 33. 33 34. 36 35. 14 36. 60
37. 18 38. 45 39. 16 40. 28 41. 64 42. 132
43. 18 44. 80 45. 6 46. 72 47. 4 48. 32
49. 12 50. 54 51. 40 52. 36 53. 99 54. 70
55. 100 56. 16 57. 84 58. 40 59. 36 60. 22

Page 95

1. 16 2. 72 3. 12 4. 63 5. 20 6. 49
7. 24 8. 16 9. 40 10. 56 11. 33 12. 15
13. 16 14. 81 15. 35 16. 18 17. 20 18. 56
19. 77 20. 35 21. 9 22. 24 23. 72 24. 8
25. 21 26. 84 27. 40 28. 27 29. 90 30. 48
31. 9 32. 36 33. 96 34. 55 35. 63 36. 12
37. 80 38. 48 39. 28 40. 18 41. 30 42. 44
43. 66 44. 90 45. 96 46. 14 47. 42 48. 27
49. 81 50. 121 51. 100 52. 132 53. 48 54. 32
55. 12 56. 144 57. 55 58. 108 59. 64 60. 22

Page 96

1. 25 2. 72 3. 6 4. 45 5. 49 6. 48
7. 20 8. 30 9. 33 10. 48 11. 144 12. 27
13. 32 14. 84 15. 4 16. 81 17. 27 18. 54
19. 36 20. 132 21. 48 22. 48 23. 15 24. 45
25. 28 26. 32 27. 54 28. 84 29. 6 30. 33
31. 40 32. 9 33. 30 34. 72 35. 24 36. 12
37. 30 38. 99 39. 36 40. 40 41. 24 42. 40
43. 60 44. 18 45. 28 46. 27 47. 49 48. 84
49. 56 50. 80 51. 10 52. 24 53. 25 54. 18
55. 18 56. 99 57. 60 58. 56 59. 6 60. 77

Page 97

1. 18 2. 28 3. 22 4. 45 5. 48 6. 108
7. 56 8. 9 9. 70 10. 144 11. 48 12. 10
13. 49 14. 54 15. 50 16. 36 17. 18 18. 77
19. 25 20. 16 21. 120 22. 49 23. 40 24. 12
25. 99 26. 56 27. 96 28. 6 29. 54 30. 24
31. 27 32. 4 33. 84 34. 30 35. 56 36. 60
37. 40 38. 81 39. 42 40. 72 41. 18 42. 33
43. 80 44. 20 45. 54 46. 16 47. 84 48. 15
49. 110 50. 32 51. 14 52. 18 53. 42 54. 72
55. 99 56. 30 57. 132 58. 14 59. 16 60. 72

Page 98

1. 100 2. 24 3. 42 4. 54 5. 25 6. 16
7. 12 8. 132 9. 6 10. 63 11. 64 12. 22
13. 18 14. 32 15. 81 16. 55 17. 70 18. 36
19. 77 20. 24 21. 21 22. 30 23. 18 24. 96
25. 21 26. 12 27. 16 28. 50 29. 49 30. 99
31. 72 32. 72 33. 35 34. 84 35. 132 36. 18
37. 22 38. 28 39. 40 40. 30 41. 36 42. 144
43. 72 44. 21 45. 12 46. 24 47. 16 48. 27
49. 44 50. 72 51. 36 52. 20 53. 27 54. 64
55. 96 56. 63 57. 110 58. 121 59. 48 60. 9

Page 99

1. 18 2. 24 3. 25 4. 36 5. 56 6. 6
7. 54 8. 33 9. 49 10. 90 11. 4 12. 132
13. 24 14. 63 15. 4 16. 20 17. 18 18. 49
19. 144 20. 48 21. 32 22. 9 23. 120 24. 42
25. 33 26. 60 27. 14 28. 60 29. 56 30. 45
31. 22 32. 72 33. 18 34. 28 35. 27 36. 84
37. 14 38. 64 39. 10 40. 36 41. 18 42. 66
43. 99 44. 32 45. 45 46. 70 47. 72 48. 15
49. 77 50. 12 51. 16 52. 20 53. 48 54. 36
55. 96 56. 42 57. 72 58. 84 59. 16 60. 100

Page 100

1. 4 2. 99 3. 42 4. 15 5. 24 6. 16
7. 84 8. 35 9. 16 10. 40 11. 54 12. 144
13. 48 14. 20 15. 33 16. 9 17. 14 18. 54
19. 40 20. 21 21. 36 22. 36 23. 64 24. 56
25. 18 26. 18 27. 100 28. 60 29. 36 30. 77
31. 42 32. 50 33. 56 34. 24 35. 132 36. 48
37. 15 38. 27 39. 72 40. 8 41. 64 42. 21
43. 25 44. 70 45. 121 46. 96 47. 81 48. 49
49. 30 50. 55 51. 12 52. 81 53. 12 54. 36
55. 88 56. 15 57. 72 58. 18 59. 24 60. 70

First published in Great Britain in 2021.

© Yaffle Education 2021

Printed in Great Britain
by Amazon

25217993R00064